## 《丘吉尔二战回忆录》 译者

（排名不分先后）

| | | | | | |
|---|---|---|---|---|---|
| 李国庆 | 张 跃 | 栾伟霞 | 曾钰婷 | 刘锡赟 | 张 妮 |
| 李楠楠 | 汤雪梅 | 赵荣琛 | 宋燕青 | 赖宝滢 | 张建秀 |
| 夏伟凡 | 王 婷 | 江 霞 | 王秋瑶 | 郑丹铭 | 姜嘉颖 |
| 郭燕青 | 胡京华 | 梁 楹 | 刘婷玉 | 邓辉敏 | 李丽枚 |
| 郭轶凡 | 郭伊芸 | 韩 意 | 李丹丹 | 晋丹星 | 周园园 |
| 王瑨珽 | | | | | |

战争时：　意志坚定

战败时：　顽强不屈

胜利时：　宽容敦厚

和平时：　友好亲善

# 致 谢

　　我应再次向帮助我完成前几卷的各位朋友致谢，他们是：陆军中将亨利·波纳尔爵士、艾伦海军准将、迪金上校、爱德华·马什爵士、丹尼斯·凯利先生和伍德先生。对于审阅过原稿并提出意见的许多其他人士，我也表示谢意。伊斯梅勋爵以及我的其他朋友一直为我提供帮助。承蒙英王陛下政府准予复制某些官方文件的文本，此类文件的王家版权属于英王陛下政府文书局所有，特此致谢。遵照英王陛下政府的要求，为了保密起见，本卷①中所刊载的某些电文曾由我根据原意加以改写。这些更动，并未改变其原有的含义或实质。

---

　　① 原卷名为"伟大的同盟"，现分为《海陆鏖战》《战局扩大》《全方位的争夺》《援苏联美》《同盟的雏形》《美国入局》六册。——编者注

# 前　言

　　本卷（《海陆鏖战》《战局扩大》《全方位的争夺》《援苏联美》《同盟的雏形》《美国入局》）和其他各卷一样，只是为第二次世界大战这段历史提供史料。这段历史是从英国首相兼任对军事负有特殊责任的国防大臣的角度来叙述的。因为军事问题在很大程度上是直接属于我的职责范围，所以对于英国进行的战役我都谈到并且作了相当详细的叙述。但关于盟国的斗争，除了用作背景铺垫外，则无法一一叙述。为了尽量求得公正，这些战役情况应留给它们本国的历史家，或将来更接近于通史的英国著述去记载。我承认我不可能使这些记载的篇幅比例相同，因此我便力求将我们自己的历史事件写得真实一点。

　　主要线索还是我日常指挥作战和处理英国事务的一系列指令、电报和备忘录。这些全都是原始文件，是随着事件的发展而引用的。因此，与现在事情结束后我可能写出的任何著述相比较，这些文件是更确实可靠的记载，而且，我相信，它们能更确切地说明当时所发生的事件和当时的看法。在这些文件中，虽然包括一些后来证明是不准确的意见和预测，但是我希望通过整个文件可以判断我个人在这次战争中的功过。只有这样，读者才能了解在当时的知识水平的局限下我们必须处理的实际问题。

　　对我函电的答复，往往是政府各部门冗长的备忘录。刊载这些文件，一是篇幅不容许，二是在许多情况下我也确实没有这种权力，因此，我谨慎地尽可能避免对个别的人有所指责。只要有可能，我都是力求对复电进行概括的叙述，但是，总的说来，这里刊用的文件是可以说清楚情况的。

　　我们在本卷中要再一次谈到大规模战争。在苏联前线的战斗中双方投入的师的数量和投入法兰西战役的师的数量相当。在一条比法兰西战线长得多的战线的各个据点上，大量军队进行鏖战，杀戮之多，不是这

1

次战争中其他地区的杀伤情况可以比拟的。对于德国和苏联军队之间的战斗，是作为英国和西方盟国行动的背景才谈到，超过这一点之外恕我无法提及。1941年和1942年苏联的英雄史值得人们进行详细的、冷静的研究，并用英文记述下来。外国人要想叙述苏联人的痛苦与光荣，没有便利的条件，虽然如此，还是应当努力。

希特勒进攻苏联，给这一年里的风风雨雨划上一个句点：在这一年中，大不列颠和它的帝国单独作战，不但没有气馁，还在不断地增强力量。六个月以后，美国受到日本的猛攻，成为我们全心全意的盟国。我们的联合行动，早在我同罗斯福总统的往来函电中就事先打好了基础，因此我们不但可以预测我们作战的方式，而且可以推断我们行动的后果。整个英语世界在作战方面有效的合作和伟大同盟的建立，构成了我这一卷书的结尾。

温斯顿·丘吉尔
于肯特郡，韦斯特勒姆，恰特韦尔庄园
1950年1月1日

**目录**
CONTENTS

第一章

# ONE

## 苏联的复仇

苏联失算——德军在东部的调度——参谋长委员会发出警告——希特勒两次推迟"巴巴罗萨"作战计划——三个集团军——斯大林的幻想——塔斯社的广播——里宾特洛甫发了一封命运攸关的电报——德国向苏联宣战——希特勒的冷酷政策——罗斯福总统的担保——德军进攻

涅墨西斯是主管报应的女神，负责摧毁一切过度的幸运，抑制随之而来的骄傲情绪，并且是惩奸除恶者。由于苏联政府丝毫不关心西方列强的命运，"第二战场"也因此灭亡。尽管如此，不久以后，他们又会再次强烈号召开辟这一战场。早在六个多月前，希特勒就已决意要灭掉苏联政府，但他们似乎根本没有意识到这一点。即使苏联的情报机构曾提醒过，德军正向东欧大规模部署军队，他们却仍未采取诸多必要的应对措施。此时，德军所部署的军队正日益增加。如此一来，他们便只能听凭德军蹂躏巴尔干所有国家了。至于土耳其、罗马尼亚、保加利亚和南斯拉夫这四个国家，苏联的基本利益和自身安全与之密切相关。苏联原本能在1月间，通过英国的积极援助来联合这四个国家，建立一条巴尔干战线，以抵抗希特勒。在此情况下，除了土耳其，其他三个国家都已逐个被德国吞并。战争主要记录下的是人们的过失，但我们却怀疑，他们不顾巴尔干的种种机会而坐以待毙，并未曾意识到，德军即将向苏联发起猛攻。苏联的军队和人民仍有待考验，他们的勇敢和坚强程度也尚不可知。

＊　　＊　　＊

1940年12月18日，希特勒发出"巴巴罗萨"指令，已经大体部署好进攻俄国所调集的军队，并下达了主要任务。那时，德国在东线总共部署了三十四个师的兵力。若想要将兵力扩充至三倍以上，需制定一个庞大的计划并做好长期准备。在1941年的前几个月，德军一直忙于此事。1、2月间，希特勒决意在巴尔干冒一次险，派了五个师从东部开往南部，其中有三支是装甲师。5月间，德国部署在东部的军队增至八十七个师，除此之外，德军有不下二十五个师被牵制在巴尔干。根据德国进攻苏联的重要性与危险性，此举由于极大程度地分散了兵力，妨碍了德国在东部集结军队，因此有欠考虑。我们即将看到，我方在巴尔干所进行的抵抗是如何使此次重大军事行动拖延了长达五周，南斯拉夫的革命尤其功不可没。没有人能够做出准确判断，在冬季来临前的此次拖延之举，对德苏之战的结果产生了多大的影响。5月和6月初，德国多支精锐步兵师和所有装甲师都从巴尔干开往了东线。因此，在开战之际，德国派出一百二十个师发起进攻，其中包括十七个装甲师以及十二个摩托化师。南路集团军还包括六个罗马尼亚师在内。另外二十六个后备师已集结完毕，或正在集结中。因此，到了7月初，德国最高统帅部至少能派出一百五十个师，以及约两千七百架飞机作为空军主力向他们提供支援。

＊　　＊　　＊

直到3月底，我都无法确信希特勒已下定决心，要同苏联殊死一战，而且此场大战即将拉开帷幕。根据我方获得的具体情报，1941年的前三个月，大批德军向巴尔干进军，并入驻各国。我方情报人员在这些准中立国家能够进行自由活动，他们随时能准确地告诉我们，德国是如何通过铁路和公路向欧洲东南部集结大军的。然而没有一则消息直接关系到进攻苏联。德国为了保障其在罗马尼亚和保加利亚的权益并为此制定政策，对希腊心怀不轨，并同南斯拉夫和匈牙利签有协议，若以这些为由，那些情报消息便顺理成章可以解释得通了。对我方来说，要想掌握大批德军由本土向苏联发动进攻的主要战线，以及途经罗马尼亚至波罗的海的进军情况，实在难上加难。令我难以置信的是，德国尚未理清巴尔干的局势，却在此刻要与苏联决一死战。

1940 年 11 月，莫洛托夫、希特勒和里宾特洛甫在柏林举行会谈，我们不知道此次会谈的主旨是什么，也不清楚随后展开的谈判以及拟定的协议内容。德国与我方在英吉利海峡两岸相互对峙，并未有减少兵力的迹象。德国空军对不列颠发动的空袭愈发猛烈。针对德军在罗马尼亚和保加利亚集结军队这一状况，苏联政府早已讳莫如深，显然已经接受了这一事实。

我方三军联合情报委员会对此意见一致。4 月 7 日，该委员会表明，德国进攻苏联的计划在欧洲已流言四起。他们说，德国虽然在东欧有大批军队可供调遣，并早已预料到要与苏联开战，但尚不至于另辟一条大规模战线。据委员会说，1941 年，德国的主要目标依然是击败英国。三军联合情报委员会直到 5 月 23 日仍然坚持称，德国将进攻苏联的谣言已平息，两国之间即将缔结一项新协定。他们认为由于德国需要增强经济，来解决长期战争之需，因此有可能会那么做。德国若想苏联提供必要的帮助，既可通过武力方式，也可通过缔结协定来解决。在他们看来，尽管武力威胁有助于达成协定，但德军依然会选择缔结协定。如今，这一威胁不断增强。不少证据表明，德军在其波兰占领区内，正修筑公路和铁路专用线，并兴建飞机场，还大规模集结军队，从巴尔干各国前来的军队和空军也包括在其中。

我方三军参谋长比敌军顾问眼光更为长远，且态度更为坚定。5 月 31 日，他们警告中东司令部："我们有确凿的证据可以证明，德国为了对付苏联，正大规模集结陆军和空军。以该威胁为基础，他们可能会要求苏联做出让步，给我方造成严重危害。一旦苏联拒绝，德国便会进军。"

联合情报委员会直到 6 月 5 日才报告称，德军在东欧所筹备的军事行动规模极大，说明即将出现一个比签订经济协定更为重大的问题。苏联军队日益强大，对德国东部边境构成了潜在威胁，德国因此可能会将其摧毁。他们认为，目前尚不可断言德军会采取战争方式还是协定方式。6 月 10 日，他们表示："6 月的后半月，我们便会知晓是战是和。"最终，到了 6 月 12 日，他们报告称："眼下有新证据表明，希特勒已下定决心要铲除苏联这颗眼中钉，即将发动进攻。"

\* \* \*

我一向不太赞成通过集体智慧来思考问题，更倾向于自己去查阅原材料。因此，早在 1940 年夏天，我就请德斯蒙德·莫顿少校每天为我挑选有用消息，并时常阅读，长此以往，便有了自己的见解，有时还会产生一些先见之明。

因此，到了 1941 年 3 月底收到可靠消息，说德国在布加勒斯特到克拉科夫的铁路线上往返调动装甲部队时，我感到如释重负，兴奋不已。由此表明，当南斯拉夫的使臣于维也纳投降时，五个德国装甲师中的三个立刻就被北调至克拉科夫，原本这些装甲师已穿过罗马尼亚，被南调至希腊和南斯拉夫。贝尔格莱德革命爆发后，此次运输工作全部调转方向，那三个装甲师又被调回至罗马尼亚。六十多列火车转换轨道进行返程，怎可能不被我方当地情报人员发现？

于我而言，此份情报如同一道闪电，使东欧格局瞬间明朗。本该投入巴尔干的装甲部队，突然间竟有如此多被调往克拉科夫，只能说明一点，即希特勒打算 5 月进攻苏联。此后，我愈发意识到他的主要目的必定在此。由于贝尔格莱德爆发革命，这些部队必须返回罗马尼亚，因而进攻日期只能从 5 月延至 6 月。我即刻给留在雅典的艾登先生发了封电报，把这个重大消息告知他。

首相致艾登先生：

根据我对这份情报的理解，那个恶棍曾调遣大规模装甲部队和其他力量，来压制南斯拉夫和希腊，企图不费一兵一卒便拿下其中一个或两个国家。一旦南斯拉夫确定加入轴心国，他就会从五个装甲师中抽调出三个来对付苏联。他相信，仅凭剩下两个装甲师便足以解决希腊事宜。然而，贝尔格莱德革命的爆发却击碎了他的美梦，北调的部队在途中遇袭。依我看，这样一来，他便会尽早进攻南斯拉夫，或转而对土耳其发动袭击，两者必取其一。显然，他会派重兵至巴尔干战场，攻打苏联一事暂且被搁到一边。此外，若将朝令夕改与贝尔格莱德政变联系在一起，可见德国针对欧洲东南部和东部所制定的计划相当庞大。迄今为止，这是我们所能观察到的最明显的迹象。你和迪尔是否同意我的判断，请慎重考虑后再告知我。

1941 年 3 月 30 日

我也打算想方设法给斯大林提个醒，让他留心周围的危险，从而建立起类似我和罗斯福总统那样的联系。电报内容简短而含蓄，我希望借助这一事实来引起他的注意和深思。自从我在 1940 年 6 月 25 日向他发电报，推荐斯塔福德·克里普斯爵士出任大使以来，这还是我们第一次联系。

首相致斯塔福德·克里普斯爵士：

以下是我发给斯大林先生的电报，只能由你亲自交给他。

据可靠人员发来的确切消息，德国人认为南斯拉夫已上钩后（即 3 月 20 日以后），已开始从罗马尼亚调了三个装甲师前往波兰南部。得知塞尔维亚人发动革命后，他们当即下令停止前进。阁下可细细体会这些事实所隐含的重要意义。

1941 年 4 月 3 日

此时，已从开罗返回的外交部部长添加了些备注：

1. 你收到信后再作进一步推敲时，或许会发现，从德国军事部署的变化可以明显看出，希特勒考虑到南斯拉夫的行动，现在已经推迟了他原本威胁苏联政府的计划。若果真如此，苏联政府应抓住这次机会，巩固自身地位。通过敌军推迟行动可以看出，他们的军队数量也是有限的，类似的联合战线能够带来优势。

2. 苏联政府显然是想通过向土耳其和希腊提供物资援助，并让希腊援助南斯拉夫，来巩固自身地位。这种方式可能会使德国在巴尔干半岛陷入更大的困境，导致进一步拖延德军攻打苏联的计划，而该计划早已有迹可循。然而，如果现在不抓住时机想方设法地阻止德军攻打苏联，那么数月内便会再生危机。

3. 你自然不会暗示他们，我方自身需要苏联政府的帮助，也不会告诉他们，苏联政府仅是出于自己的利益才会采取行动。但我们想让他们明白，一旦有机会，希特勒早晚会向他们发动进攻；如果希特勒未曾碰到类似目前在巴尔干所遭遇的特别棘手的问题，那么即使他和我们交战，他也会继续向苏联发动进攻；因此，从苏联的利益出发，你得竭尽所能来阻止希特勒如愿解决巴尔干问题。

直到4月12日，我方驻苏联大使才发来回电。大使说，收到我的电报之前，他曾私下给维辛斯基写了封长信。他在信里回顾说，苏联政府在抵御德国侵略巴尔干的行动中一再遭遇失败，并以最郑重的口吻发出敦促，如果苏联还想抓住最后一次机会来保全自身利益，通过与他国结盟来保卫国境，就必须立即出台有力政策，同巴尔干地区内依旧反对轴心国的国家进行合作。

（他说）如果现在我把首相这封内容简短、措辞温和、主题一致的电报委托莫洛托夫递交，恐怕唯一的效果便是破坏维辛斯基对我的印象。早前我曾给他写过信，他对我留有印象。我确信，苏联政府肯定不明白为何要以如此正式的方式递交这封电报，毕竟里面所陈述的事实他们早已一清二楚，且内容简短而零碎，既没有明确要求他们表明态度，也未曾建议他们采取行动。

我认为必须将我的顾虑告诉你，因为我生怕如果将首相的信递交给他，不但起不了作用，还会犯一个重大的战略错误。但是，如果你不认同我的想法，我会立即想办法与莫洛托夫进行会面。

为此，外交大臣给我发来签呈：

我认为，面对眼下的新形势，斯塔福德·克里普斯爵士有理由拒绝递交你的电报。如果你同意，我就告诉他现在不必递交这封电报。然而，如果维辛斯基积极回信，他应该将你电报中的后述内容也告知维辛斯基。与此同时，我会敦促他，将其写给维辛斯基的信的摘要尽快发给我们，随后再把全文发来。

这事以及之后的一再拖拉令我心烦不已。在德军进攻前，我亲自发给斯大林的电报仅此一封。里面的内容简明扼要，意义非比寻常，电报由英国政府首脑起草，并由英国大使亲自送交苏联政府首脑，所有这一切都表明，这封电报具有特殊意义，以此引起斯大林的注意。

首相致外交大臣：

我十分重视自己给斯大林发的私人电报。我不明白，为何这份电报会遭到拒收。大使并未深刻意识到其中的事实所

具有的军事意义。务请照办。

1941 年 4 月 16 日

又一个签呈如下：

首相致外交大臣：
　　斯塔福德·克里普斯爵士是否已经提交我的那封私人电报？在电报里，我提醒斯大林，德国可能会对苏联发起进攻。我对此则意义非凡的消息尤为重视，可电报却被耽搁如此之久，这实在令我吃惊不已。

1941 年 4 月 18 日

到了 18 日，外交大臣发出电报，命大使递交我的电文。由于未曾收到斯塔福德·克里普斯爵士的回复，我便询问原因。

首相致外交大臣：
　　斯塔福德·克里普斯爵士何时将我的电报递交斯大林？烦请你让他告知我。

1941 年 4 月 30 日

外交大臣致首相：
　　4 月 19 日，斯塔福德·克里普斯爵士将电报递交给维辛斯基先生，4 月 22 日维辛斯基先生以书面形式通知他，那封电报已转交给斯大林先生。
　　由于失误，未及时将这件事发电报告知你，为此我深表歉意。现附上抄件。

1941 年 4 月 30 日

抄件内容如下：

斯塔福德·克里普斯爵士自莫斯科致外交大臣：

今日我已把电文递交给维辛斯基，请他转交给斯大林。你在电报中没有明确说明，是否应将阐述内容附于电文中，或由我作附带说明。因此，鉴于我曾在4月11日致函维辛斯基，并于昨天与他进行会面，我认为最好不要加任何阐述，因为它就是重述而已。

1941年4月19日

斯塔福德·克里普斯爵士自莫斯科致外交大臣：

今日，维辛斯基以书面形式告知我，他已将电报转交给斯大林。

1941年4月22日

如果按我指定的方式，并及时客气地递交电报，我无法断定此举最终究竟能否改变事态进程。尽管如此，我依然深感遗憾，因为他们未曾按我的指示有效办事。如果我能直接接触斯大林，或许可以使其那么多支空军部队在地面免遭摧毁。

我们现在知道，希特勒在1940年12月18日发出指令，5月15日进攻苏联。然而，由于贝尔格莱德发生革命，希特勒盛怒之下，便于3月27日将进攻日期推迟一个月，过后又推迟到6月22日。3月中旬，德军将驻守在北面的军队调至苏联主要前线，已无须再遮掩行动。然而到了3月13日，柏林当局命令在德国境内工作的苏联考察团人员停止工作，并将他们遣送回国。位于德国的苏联人只能逗留至3月25日。德国已在北部地区集结了强大部队。3月20日后，德军还将集结更强劲的军队。

4月22日，苏联方面指控德国外交部，越来越多的德国飞机不断侵犯苏联边界。从3月27日至4月18日，累计侵犯了八十次。苏方又指出，若德国飞机继续飞越苏联边界，将引发恶性事件。

德国对苏联飞机进行了一连串的反指控，以此作为回复。

＊　　＊　　＊

在此期间，德国最精锐的一百二十个师正集结于苏联前线，被分成了三个集团军。龙德施泰特所率的南部集团军的装甲力量不齐全，原因已在前文阐述过。其装甲师近日才从希腊和南斯拉夫调回德国。尽管进攻日期已延至 6 月 22 日，但由于装甲车辆在巴尔干遭到损耗，故急需休整和彻底检查。

4 月 13 日，舒伦堡从莫斯科返回柏林。4 月 28 日，希特勒在接见他时以苏联对南斯拉夫的姿态为主题，发表了长篇大论。根据舒伦堡对此次谈话的记录，他曾设法为苏联的行动进行申辩。他说，对于德国即将发动进攻的传言，苏联表示十分惊恐。他不相信苏联会向德国发动进攻。希特勒说，塞尔维亚事件已为他敲响警钟。在他看来，那里所发生的事件证明了一些国家在政治上是不可靠的。然而，舒伦堡却坚持自己一贯的主张，他从莫斯科发来的所有报告中也遵循这条主旨。"我坚信，斯大林已做好准备，甚至会对我们进一步让步。他们曾对我方经济谈判人员表示（如果我们适时提出请求），苏联每年会给我们提供五百万吨粮食。"

4 月 30 日，舒伦堡回到莫斯科，同希特勒的会晤使他幡然醒悟。他清楚地意识到，希特勒已下定决心发动战争。看来，他曾试图提醒苏联驻德国大使戴卡诺索夫注意此事。直到最后一刻，他仍在为苏德谅解政策而坚持奋斗。

德国外交部常务次官魏茨泽克是一位得力的文职人员，类似他这样的人在许多国家的政府部门中随处可见。他并不是手握行政权的政务官，因此，按照英国惯例，他并不负责国家政策。战胜国成立的法庭判处他有期徒刑七年，如今他正在服刑。虽被列为战犯，但他的确曾书面给上司提出忠告。但在当时，该忠告并未被采纳，这一点令我们感到庆幸。针对此次会晤，他曾作过如下评论：

魏茨泽克致里宾特洛甫：

针对德苏冲突，一句话便可概括我的观点。如果对我们而言，苏联每个被夷为平地的城市的价值都等同于一艘沉没了的英国军舰，我便支持今夏的德苏之战。然而我认为，我们只是在军事层面战胜了苏联，从经济层面而言，却是失败者。

也许有人会说，联合欧亚大陆来对付盎格鲁－撒克逊王国及其追随者，是理所当然之事。然而，唯一的决定因素在于该计划能否加快英国衰亡。

我们必须区分两种可能性：

1. 英国已濒临崩溃。若我们承认这一假设，却又另树新敌，英国士气便将大增。苏联并不是英国的潜在盟友。英国无法指望从苏方得到任何好处。苏联希望英国越快崩溃越好。与苏作战并不会摧毁英国人的希望。

2. 假如我们认为英国并未濒临崩溃，我们顺势自然会想到，必须以武力的方式从苏联境内获得给养。在我看来，我们肯定能顺利进驻并越过莫斯科。然而面对以消极抵抗而出名的斯拉夫人，我十分怀疑我方是否能从中获利。据我观察，苏联境内没有一支反对派拥有足够的实力与我们联手并向我们提供帮助。1942 年春天，将再次爆发新一轮敌对行动。通向太平洋之窗依然紧闭。

面对德国进攻苏联，英国人只会获得新一轮精神力量。因为这将会使英国人认为德国人没有十足的把握战胜英国。由此，我们必须承认，战争还将持续很长时间。这样一来，实际上我们不仅没有缩短战争时间，反而适得其反。

柏林

1941 年 4 月 28 日

5 月 7 日，舒伦堡在报告中满怀希望地说，斯大林已经接任莫洛

托夫，成为人民委员会主席，即苏联政府首脑。

> 可能是由于最近外交政策方面的错误而导致更换领导人，德苏两国原本诚挚的合作关系因而遇冷，但是斯大林却一直有意为建立和保持双方诚挚的关系而不懈努力。
> 上任后，斯大林将负责政府所有的国内外活动……我确信，斯大林将利用其新职位，为保持和发展德苏两国的友好关系而亲力亲为。

当然，我们尚不完全了解莫斯科的状况，德国的目的却似乎简单易懂。5月16日，我给史末资将军发送电报："希特勒似乎正调集军队准备攻击苏联。他不断将巴尔干地区的军队、装甲部队和飞机调至北部，从法国和德国调至东方。"斯大林一定是努力让自己对希特勒的政策抱有幻想。又过了一个月，德军再次进行紧急调动和部署。6月13日，舒伦堡向德国外交部发了封电报，内容如下：

> 人民委员莫洛托夫刚发给我的一条塔斯社电讯。该电讯将于今晚进行广播，于明日登报。内容如下：
> 在英国大使克里普斯甚至还没返回伦敦时，英国和其他国家的报纸大肆传播种种谣言，声称苏德战争已迫在眉睫。他们宣称：
> 1. 在领土和经济方面，德国可能已经向苏联提出请求，两国随即进行谈判，制定一项更密切的新协定。
> 2. 据说苏联已经拒绝了这些要求，导致德国在苏联边界聚集了军队，以备攻打苏联。
> 3. 为了对德一战，苏联方面或许已投入到紧张的准备中，并在德国边界聚集军队。
> 虽然这些谣言无疑是荒诞的，但莫斯科相关当局认为，有必要说明这些愚蠢的宣传是由反对德苏的势力所策划的，

这些人一心想要扩大并加剧战争局势。

希特勒理应感到心满意足，因为他的欺骗和隐瞒策略取得了成功，受害人的心理状态也已达到他的目的。

有必要记录下莫洛托夫最终愚昧的言行。

舒伦堡致德国外交部：

　　今晚九点三十分，莫洛托夫把我叫去了他的办公室。他一开始便提到了德国飞机一再越界之事，之后他表明自己已令戴卡诺索夫针对此事会见德国外交部部长。莫洛托夫随后所说的内容如下：

　　通过诸多迹象可以看出，德国政府不满苏联政府，甚至还在近日谣传德苏一战已箭在弦上。他们发现这些谣言之所以流传这么久，是因为德国对 6 月 13 日塔斯社所发的电讯毫无反应，甚至都未曾刊载过这则电报。苏联政府无法理解德方为何会感到不满。如果是由于彼时的南斯拉夫问题，他，即莫洛托夫认为通过之前的交流，该问题已得到解决，况且这事已成为过去。如果我能把引起德苏关系目前状况的原因告诉他，他应当对此感激不已。

　　我回复称，由于我不了解相关情况，无法答复他的问题，但我会把他的话转达给柏林。

莫斯科

1941 年 6 月 22 日凌晨一点十七分

然而现在，时间已到。

里宾特洛甫致舒伦堡：

　　1. 等你收到此封电报后，把留在手头的所有密码资料都销毁。停止使用无线电。

2. 请即刻通知莫洛托夫先生，告诉他你有急事向他禀告，需要立刻见他。接着向他做出以下声明：

"……德国政府宣布，苏联政府与其应履行义务背道而驰，不但继续企图暗中危害德国和欧洲，而且愈演愈烈；所采取的外交策略反德倾向越发明显；召集所有军队于德国边界待命。"

"苏联政府已因此废弃同德国签订的条约，计划在德国生死存亡那一刻使其腹背受敌。所以，元首已命令德国武装部队，想尽一切办法对抗该威胁。"

该项通知已无须再讨论。苏联政府有责任保护大使馆人员的安全。

柏林

1941 年 6 月 21 日

6 月 22 日凌晨四点，里宾特洛甫将正式宣战书呈递给驻柏林的苏联大使。天亮时分，舒伦堡于克里姆林宫会见莫洛托夫。莫洛托夫静静听完德国大使宣读通知后，做出声明："战争来了。我方十多个未设防的村庄刚刚遭到了你方飞机的轰炸。你认为我们活该如此吗？"

面对塔斯社的广播，艾登先生已向驻伦敦的苏联大使提出各项警告，即使再增添内容，也是徒劳。即便我再次以个人名义，努力让斯大林引起警觉，也已无用。美国甚至多次给苏联政府发送更为准确的情报。斯大林固执己见，愚昧地看待可怕事实，我们中没有一个人能设法改变。虽然德方估计苏联召集了一百八十个师于边界处，其中一百一十九个直接对准德国前线，但这些师却突然遭到大规模袭击。德军在前线并未露出准备进攻的迹象，苏联的掩护部队很快就全军覆没。1939 年 9 月 1 日波兰空军所遭遇的灾难，此时在苏联的飞机场再次上演，规模甚至更大。破晓时分，数百架苏联飞机被德军发现，尚未起飞便被炸毁。

＊　　＊　　＊

要想记叙完整，我一定得谈一下希特勒为了应对新敌人而采取的可怕决策及其实施过程。寒冬时分，在一片荒凉广阔的土地上，其中部分城镇已被炸毁，希特勒面对与敌军殊死一战的压力，实施了该决策。他在 1941 年 6 月 14 日的一次会议上下达口头命令，该命令在很大程度上规定了德军应如何对付苏联军队和人民，由此引发了诸多残忍野蛮的行为。根据纽伦堡文件，哈尔德将军做出证词：

> 元首在向苏联发动进攻前曾就此事召开会议，出席本次会议的包括最高统帅部相关的所有将领和人士。确切的开会日期我已记不清……元首在会上表明，苏联与西方国家不同，我们与其作战时势必要采取不同的策略……他说，苏联人在德苏一战中将拼死一搏。既然苏联不是《海牙公约》① 的签署国，我们就无须按照公约条款来对待苏联战俘……他还说，不应将所谓的人民委员视为战俘。

据凯特尔说：

> 希特勒的主要意思是：这是两种意识形态之间的决战；基于这一事实，我们在此次战争中，不能采用国际法所认可的唯一一个正确方法，我军对此办法早已熟知。

＊　　＊　　＊

6 月 20 日（周五）晚上，我独自驾车前往契克斯。我心里明白，

① 1899 年和 1907 年两次海牙和平会议通过的一系列公约、宣言等文件的总称。

德国数日之内便会进攻苏联，或许过不了几个小时便会发动进攻。就此事，我曾计划周六晚上发表广播演说。当然，这次演说用词须谨慎。与此同时，苏联政府当下表现得傲慢愚钝。在他们眼里，我们这些失败者提出的所有警告，无非是计划和别人同归于尽罢了。经过在汽车上的一番思考，我把广播演说延迟到了周日晚上。我觉得，到那时一切就都清楚了。和往常一样，这个周六我过得忙忙碌碌。

五天前，即 6 月 15 日，我曾给罗斯福总统发去电报，内容如下：

> 我方所获得的各项消息中，最可靠的一条是德军似乎即将大举进攻苏联。德军不仅在芬兰—罗马尼亚一线部署了主力部队，而且空军和装甲部队也已到位。昨天，"卢佐夫"号袖珍战列舰刚从斯卡格拉克海峡①出发，我方飞机立即发射鱼雷将其击中。该战舰十有八九是想开往北方，前去支援北极侧翼的海军力量。这场新战争一旦爆发，我们须秉承打败劲敌希特勒这一原则，尽力支持苏联，竭尽所能为其提供援助。

周末，美国大使来我处做客，告诉了我总统的答复。总统允诺，如果德国进攻苏联，他便当即公开支持"首相为欢迎苏联成为同盟国所发表的一切声明"。怀南特先生口头转述了这项重要允诺。

\* \* \*

星期天（6 月 22 日）早晨我醒来后，得知希特勒已向苏联发起进攻。先前确信之事成了现实。我已十分清楚所面临的任务以及相应的政策，事实上我也十分清楚自己要说什么。眼下只需动笔起草。我要求工作人员立即发布通知，说当晚九点我将发表广播演说。没过多久，

---

① 位于日德兰半岛和挪威南端、瑞典西南端之间，是北海的一部分。——译者注

迪尔将军从伦敦匆忙赶来，在我的卧室报告了具体情况。德军大举进攻苏联，战线覆盖范围极广。德军突袭了苏联停在机场的大批飞机后，似乎士气倍增，迅速向前进军。帝国总参谋长补充说："据我估计，他们将被成群包围。"

那一整天，我都在写广播稿，没时间也没必要和战时内阁商量。我知道大家在此事上的立场是一致的。这一天，艾登先生、比弗布鲁克勋爵和斯塔福德·克里普斯爵士一直在我身边。斯塔福德·克里普斯爵士10日离开了莫斯科。

\* \* \*

这周末是我的私人秘书科尔维尔先生值班，以下是他所描述的契克斯周日的情况，或许值得一读。

6月21日（周六），我于晚餐前赶到契克斯，怀南特夫妇、艾登夫妇和爱德华·布里奇斯正待在那儿。丘吉尔先生在晚餐时说，眼下德国已确定无疑会进攻苏联。他认为希特勒正盼着英美资本家和右翼人士施予他同情。但他错了，我们将竭尽全力帮助苏联。怀南特说，美国也正有此意。

我和丘吉尔先生吃过晚饭在槌球①场上散步时，他再次提起这个话题。丘吉尔称："我唯一的目标就是打倒希特勒，由此我的生活便会简单很多。即使希特勒攻入地狱，我也至少会在下议院替魔鬼说些好话。"

次日凌晨四点，我在睡梦中被外交部的电话惊醒，得知德国已经向苏联发起进攻。首相常说，除非敌军入侵英国，否则切勿打扰他睡觉。因此，我等到八点才把这个消息告诉他。他只说了一句话："告诉英国广播公司，今晚九点我将发

① 起源于法国的一种室外球类游戏。

表广播演说。"上午十一点，他开始准备讲稿。这一天，他除了和斯塔福德·克里普斯爵士、克兰伯恩勋爵和比弗布鲁克勋爵吃了顿午饭外，其余时间都在忙这件事……八点四十分时，讲稿才准备就绪。

\*     \*     \*

广播内容如下：

纳粹制度除了贪得无厌和种族专制外便无任何宗旨与原则。其残酷行径和凶猛进攻所引发的后果可谓惨绝人寰，远超人类史上的一切卑劣行径。然而在眼下这种情况，一切都已无关紧要。无论是罪恶、愚蠢还是悲剧，过去的一切都已烟消云散。我看到苏联的战士们驻守国门，守护着祖祖辈辈自远古以来就一直辛勤耕作的土地。我看到他们正守卫着自己的家园，他们的母亲和妻子在家中为其祈祷——啊，是的，人们时常都在祈祷——祈求她们的爱人——家里的顶梁柱，她们的战士和保护者能平安归来。我看到在苏联上万座村庄里，人们以土地为生，生活虽艰辛，可他们依然保留着人类最本真的快乐，少女们脸上洋溢着笑容，孩子们在嬉戏玩闹着。我看到纳粹的战争武器正发起疯狂进攻，猛冲向这片土地；紧随其后的普鲁士军官们身着华丽的戎装，腰间配着刀，鞋跟哒哒作响，奸佞的特务专家刚刚威胁钳制了十多个国家。我还看到大批德国士兵如一群爬行的蝗虫在缓慢前行，这些人头脑愚钝、训练有素、唯命是从却残暴凶悍。我看到天空中飞来了德国的轰炸机和战斗机，它们曾遭英军多次击败，伤痛至今仍在，却依然乐于寻找一些自认为省力而稳妥的猎物。

在这些愤怒的眼神和猛烈的攻击背后，我看到一小股恶

棍正计划和组织向人类发动此次大型恐怖袭击……

我一定要宣布英王陛下政府的决定，相信伟大的自治领不久便会同意此项决定。眼下我们已经不起一天耽搁，必须立即宣布这项决定。我必须发表此次宣言，你们会怀疑我们所采取的政策吗？我们有且仅有一个目标，一个不会更改的目标。我们决意摧毁希特勒及纳粹制度的所有残余势力。我们的决心不会因任何事而发生改变，任何事都不能。我们绝不会和敌人进行谈判，绝不同希特勒或其党羽会谈。我们将在陆地、海洋和空中与其作战，直至老天开眼，将其赶出地球，并解放受其压迫的世界人民。无论是哪个国家或个人，只要与纳粹帝国进行作战，我们都会向其提供援助；只要跟随希特勒的步伐，我们都将与之为敌……这就是我们的政策和宣言。因此，我们将尽全力为苏联及其人民提供援助，将呼吁世界上每个角落的朋友和盟国，采取统一方针，和我们一样诚心坚持到底……

这不是一场阶级之战，整个英国和英联邦都将参与其中，不分种族、不论信仰、不分党派。虽然本不该由我来讲美国的行动，但我要说一点，如果希特勒异想天开，企图通过进攻苏联来使伟大的民主国家不再以消灭他为目标，并有所懈怠，那他就大错特错了。相反，我们在努力解救受其压迫的人民的过程中，实力将不断增强，士气将不断高涨。我们会更加坚定决心，不断加强手段，不会有丝毫减弱。

一些国家和政府行事考虑不周，导致自身被敌国逐个击败，但如果它们在行动时彼此联合，不仅可拯救自身，还可使世界免于这场灾祸，可现在不是对此讲道理的时候。几分钟前，当我谈到了希特勒由于杀戮成性、满怀贪欲而对苏联贸然采取行动时，曾指出在其暴行背后隐藏着一个更大的动机，即摧毁苏联。因为他希望，如果此举成功，他便可将陆军、空军主力从东欧调回，从而大举进攻我国。他很清楚，

一旦征服不了我们这个岛国，他将因自己所犯下的罪行而遭到惩罚。进攻苏联不过是准备入侵不列颠诸岛的前奏而已。无疑，他希望在冬季到来前结束这一切，并在美国海军、空军干涉前击败大不列颠。他企图故技重施，以更大规模来实施逐个击破的战术。他就是以此手段来壮大自身实力的。紧接着他将为最终行动扫除障碍，他的最终目的就是让整个西半球国家臣服于他的意志和体制之下。如果这一点落空，那么他之前通过打败别国所取得的战果便毫无意义。

基于此，苏联人民为国而战的这番事业，也正是世界各地自由人民和民族所要完成的使命。同样，苏联的危难就是我们的危难，也是美国的危难。残酷的经历曾给我们狠狠上了一课，我们应吸取教训，奋发努力，只要我们尚存一丝气息、仍有余力，就应众志成城，打败敌人。

第二章
# TWO
## 我们的盟友苏联

希特勒进攻苏联之计划——苏联求助于英国——苏联试图开辟第二战场——英国派出军事代表团前往莫斯科——双方海军建立联系——成立军事联盟的提议——斯大林敦促开辟第二战场——英国竭力为苏军提供补给——与斯大林建立友好关系未果——德军展开攻势——苏联对波兰的态度

希特勒对苏联的进攻改变了整场战争的意义以及各国之间的利害关系。苏联本可以对眼下的战局慎思明辨，从而采取必要的措施捍卫自身安全，然而它却被偏见遮蔽了双眼，看不清当前局势。但是，不顾他国命运、只管"自扫门前雪"的做法也为苏联争取了时间，因此当苏德战争于1941年6月22日打响时，苏联的整体实力远比希特勒想象中要强大得多。也许是因为苏联在"苏芬战争"中损失惨重，使得希特勒和他的将军们低估了苏联的实力。尽管如此，苏联人还是被希特勒打得措手不及，且在战事一开始便遭到重创。在本章中，我未能尽述其中的细枝末节，仅能向读者们展示苏联军民们在这场即将拉开帷幕的大型战争中的典型事迹。

德国的战线从波罗的海沿着苏联边界一直延伸到黑海。冯·勒布元帅指挥的北方集团军由二十九个师组成，包括三个装甲师和三个摩托化师，全军从东普鲁士挺进列宁格勒。冯·博克元帅领导的中央集团军共有五十五个师，其中九个装甲师、六个摩托化师，其任务是从波兰北部出发占领斯摩棱斯克①。龙德施泰特元帅麾下的南方集团军

----

① 斯摩棱斯克，位于今俄罗斯联邦西部、东欧平原中部。——译者注

共四十一个师，包括五个装甲师、三个摩托化师，由波兰南部长驱直入抵达下第聂伯河①。此外，还有二十六个师的储备军力可随时增援，两千七百多架飞机支援进攻。在北部，十二个芬兰师向列宁格勒进军，以协助德军对其发动主攻。在南部，罗马尼亚的十一个师沿着普鲁士河严密布防，另有六个师加入南方集团军的大部队。总共有一百六十四个师向东席卷而来。

现有的最可靠的资料显示，在这场反侵略战争中，苏联共出动了一百一十九个师以及至少五千架飞机，且在芬兰、高加索地区和苏联中部等地还驻守着六十七个师。尽管苏军与德军在数量上势均力敌，但战争一开始，苏军就被装备精良、快速挺进的德军打得节节败退，苏联空军也损失惨重。值得一提的是，其他国家在被突袭之后往往立即沦陷，只有苏联因其地域辽阔未被占领。第一个月内，德军一路挥军长驱直入苏联境内三百英里。苏军奋起反抗，然而经过一番艰苦卓绝的激战之后，斯摩棱斯克仍被德军攻陷。幸运的是，列宁格勒未被占领，基辅也没有落入德军之手。

\* \* \*

在此之前，苏联政府一贯秉承独善其身的做法。遭受德军入侵之后，这种态度愈发明显。1940年，法国战场一片溃败；1941年，我们开辟巴尔干战场失利，而苏联对此均冷眼旁观。相反，它为纳粹德国提供重要的经济支持，在其他方面也处处给予帮助。而今，它却遭受德国的蒙骗和突袭，自己也处在德军的利刃之下了。在过去的八个月里，斯大林一直算计着如何与希特勒瓜分英国，却忽视了德国聚集在苏联东部边境的大批军力。此刻，苏联最希望大英帝国能够竭尽全力施以援手。它叫嚷着要求战事缠身的英国给苏联提供弹药等军需品，

① 第聂伯河，欧洲东部的第二大河，源出今俄罗斯瓦尔代丘陵南麓，向南流经白罗斯、乌克兰，注入黑海。下第聂伯河是从基辅至河口。——译者注

又敦促美国将原本运往英国的大批物资转投给它。1941年的夏天，苏联甚至高声疾呼要求英国登陆欧洲开辟第二战场，全然不顾这其中的风险与代价。

这些可悲可耻的算计并未扰乱我们的思绪。我们仍旧将目光投向苦难中的苏联人民。他们挥洒热血保卫家园，做出了英勇的牺牲。尽管战争仍在继续，但人民的英雄事迹将弥补战争带来的伤痛。

＊　　　＊　　　＊

由于能够帮助大规模军队在防守严密的敌军海岸顺利登陆，因此两栖作战必不可少，但苏联对其知之甚少。就连美国当时也不清楚两栖作战的困难之处。在进攻地点，我们必须同时拥有海空优势。此外，还有另外一个关键因素——一支配备特别登陆舰艇，尤其是各类型坦克登陆舰的大型无敌舰队是成功突破陆上坚固防线的必备条件。正如我在前面以及后面都将提及的，为了建立这样一支无敌舰队，我已经竭尽所能。然而事实是，在1943年夏之前，我们连一支较小规模的舰队也未组建完成；我们如今所看到的这支舰队，其实力也是直到1944年才完全显现出来。眼下，我们所谈的这个时期是1941年的秋天。当时，我们除了了解到德军在多佛尔海峡布下了最为严密的防御工事以外，对敌军在欧洲上空的部署情况一无所知。我们的登陆舰还在建造当中。我们将在法国战场上遭遇敌军，但我们甚至还没有建立一支像它那般规模庞大、训练有素、装备精良的军队。尽管如此，一大堆关于第二战场的愚论和谬论像尼亚加拉大瀑布一样倾泻而来。当然，我们当时是无法说服苏联政府放弃开辟第二战场的。在那以后的某个场合，斯大林甚至跟我说，要是英国害怕的话，苏联愿意派遣三到四个军团来完成这项任务。但由于缺乏船舶和其他物资条件，我自然也无法按照他的意思行事。

* * *

就在德国袭击苏联当天，我向苏联和全世界做了广播演讲。随后，《真理报》和其他官方报纸转载了演讲的部分内容，同时我们被告知需接待即将到访的苏联军事代表团。除此之外，苏联政府没有做出任何回应。苏联高层的这种缄默让人倍感压抑，因此，我认为我有责任打破这种沉寂。我十分理解苏联的尴尬，因为自战争爆发以来，苏联便与西方同盟国之间存在诸多分歧。于是，我决定亲自致信斯大林，以表达英国将竭尽所能帮助苏联人民的意愿。

首相致斯大林先生：

我们很高兴地获悉，面对纳粹德国无端发动的残酷战争，苏联军队正在做出有力和英勇的抵抗。我们甚是钦佩苏联士兵、人民的勇敢和坚韧不屈。只要条件允许，我们必将全力帮助苏联。战事越持久，我们所提供的帮助就越多。英国的空军正在夜以继日地轰炸所有我军力所能及的德军占领区和德国本土。昨天白天，我们共向境外出动了四百多架次飞机。周六夜间，有两百多架英国重型轰炸机夜袭德国城镇，部分轰炸机还装载了超过三吨的炸弹。昨天夜间，我们又出动约两百五十架重型轰炸机。这些军事活动仍将继续。因此，我们力图将德国部分空军力量引到西线从而减轻苏联的军事压力。除此之外，我已命令海军部准备近期在北冰洋采取重大军事行动。我希望此番军事行动之后，英苏双方海军能加强交流。同时，我们在对挪威海岸进行扫荡之后截获了开往北方给敌军运送物资的船只。

我们十分欢迎苏联军事代表团前来与我们共商未来大计。

唯有通过继续战斗，我们才能铲除这些残暴之徒。

1941 年 7 月 7 日

显然，我们的第一步便是经苏联政府首肯后与其军事统帅部建立联系。因此，在与新盟友达成必要的一致之后，我们随即派出一个权威的军事代表团前往莫斯科。与苏联海军建立联系同样也是当务之急。于是，我于7月10日向海军部送交了一份备忘录，具体内容如下：

首相致海务大臣和第一海军大臣：

　　目前很有必要派遣一支小型混合舰队前往北冰洋同苏联方面建立联系并与苏联海军协同作战。这件事必须在我们采取重大军事行动之前完成。如果这支英国舰队能够抵达北冰洋，将对苏联海军和整个苏联军队的抗战产生巨大价值，也将避免我方的大规模伤亡。

　　无论如何，如果苏联人能够坚守阵地，继续作战直至冬季降临，那么我们将会取得巨大优势。但如果苏联过早与德国媾和，英国人民将会大失所望。所以只要苏联坚持抗战，战场在哪儿都无关紧要。苏联人民已经向世人证明他们值得被支持，因此我们必须不惜一切风险与代价去鼓舞他们的士气，当然，我知道我们会遇到诸多阻力……但毫无疑问，这支英国舰队将开往阿尔汉格尔斯克。

　　务请早日见告此事。

1941 年 7 月 10 日

我们也同样希望，英美两国能在初期阶段共建战时同盟基础。

首相致斯塔福德·克里普斯先生：

　　请立即将以下首相的意思传达致斯大林先生：

　　1. 克里普斯大使已将您与他之间的谈话做了汇报，并且陈述了英苏共同协定中的条款，即：（1）不定量不定性地互帮互助；（2）任何一方都不得单独与敌方媾和。随后，我立刻召集战时内阁（其中包括新西兰自治领总理弗雷泽先生）

举行会议。对此，我们需要同加拿大、澳大利亚和南非的自治领领导进行磋商，但同时，我也向您保证，英国十分支持您所提出的共同协定。我认为，一旦我们收到各自治领的答复，就应当立即签署协定，并向全世界公布。

2. 我们拟定的共同协定如下，供您参考。英国国王陛下政府与苏维埃社会主义共和国联盟达成共识，现宣告：（1）在如今对德战争中，两国政府将相互提供一切援助。（2）两国政府还承诺，除非双方协商一致，否则任何一方不得同德国媾和或签署停战协议。

3. 由于我们还未同自治领协商，因此暂时请勿将电文原文告知斯大林。但该电文将帮助您更好地理解我们的意愿。如果斯大林先生有需要，您可以据此向他提供解释。

1941 年 7 月 10 日

虽然两国政府之间一直互通官方函电，但直到 7 月 19 日，我才收到斯大林先生直接发出的第一封电报。当日，苏联驻英国大使麦斯基先生前来拜访，并向我递交以下电文：

斯大林先生致首相：

承蒙首相发来私人电报两封，本人深表谢意。

您的致电是我们两国关系发展的起点，有助于促成两国政府达成一致意见。如今，您所言极有道理，苏联和英国已成为共同对抗纳粹德国的盟友。尽管前方有着困难险阻，但我坚信我们两国一定能战胜我们共同的敌人。

也许现在正是时候向您说明，目前苏联军队在前线的形势依然紧张。希特勒出人意料地撕毁《苏德互不侵犯条约》，对我军发动的突袭又令人措手不及。德军借此在战争中赢得明显优势，这已然对我军产生了不利的影响。

不难想象，如果德国首先进犯的不是基希涅夫、利沃夫、

布列斯特、考那斯和维堡地区，而是敖德萨、卡美涅茨—波多尔斯基、明斯克区域以及列宁格勒的周边地区，那么德军将可能占据更大的优势。

因此，在我看来，如果我军能在西线（法国北部）和北线（北极地区）新辟对抗希特勒的战场，那么苏联和英国的战争形势会大有好转。

在法国北部开辟战场有利于牵制住希特勒在东部的兵力，同时使其无法进犯英国。开辟这一战场一定也是英国军队乃至整个英国南部人民的愿望。

我深知，开辟这一战场将会面临重重困难。但我认为，无论如何我们也应克服困难将此事达成。这不仅有利于我们的共同事业，也是大不列颠帝国本身的利益所在。如今希特勒的兵力才刚刚转移到东部，尚未在此站稳脚跟，因此当前正是开辟战场的绝佳时机。

在北部开辟战场更加容易。在英国方面，贵国只需出动海军和空军，无须派遣军队和炮兵登陆。我方将会派遣陆海空三军参与作战。如果贵国能够在挪威志愿军中调派一个或更多轻装师在挪威北部对德发动反击，那我们将不胜感激。

1941 年 7 月 18 日

这样，在我们通信往来之初，苏联就力促开辟第二战场，且不顾此举的外部条件是如何困难（极北地区除外），其在我们日后的通信中仍反复提及这一点。在斯大林给我发来的这第一封函电中，我感受到了苏联前所未有的一丝悔意。信中，他主动为苏联转变作战立场以及他本人在战前与希特勒签订条约的举动辩护，且正如我在前文所述，强调苏联必须将德军阻截在波兰以西从而为苏联长距离调动军队赢得足够的时间。我很重视斯大林的这一解释，并在回信中表达了我对他此举的理解。

首相致斯大林先生：

1. 收到您的电报，并从多方获知苏联军队正在英勇抗战，组织了多次有力的反攻以保家卫国，我很高兴。我十分了解苏联现在所取得的作战优势，苏联军队把敌军牵制在西面战场，从而消耗了敌军最初的部分兵力。

2. 我们愿竭尽全力为贵国提供帮助。但我希望您看清我们在资源和地理位置上的不足。自德国袭击苏联的第一天起，我们就考虑过是否可以进攻被德国所占领的法国和低地国家。我三军参谋长也束手无策，不知发动何种规模的行动能对苏联有所帮助。德国仅在法国就安插了四十个师，并花了一年多的时间不遗余力地在海岸线增防，因此，整个海岸布满了大炮、铁丝网、碉堡和海滩地雷。目前，我们暂时在敦刻尔克到布洛涅这一区域占有空中优势以及战斗机掩护。这一地段遍布堡垒，重炮控制了海上通道，其中很多重炮射程甚至可越过海峡。该地昼长夜短，整个区域夜长不足五小时。即便是夜间，那里也到处闪烁着探照灯。若是军队试图大规模登陆则必将遭到惨败，小规模突袭也不可能成功，且对我们而言弊大于利。德军甚至用不着从对苏前线调回一支军队就可以将我们击溃。

3. 您一定记得我们已经各自孤军奋战一年多。虽然我们的资源将会不断增长，但我们的陆军和空军在国内及中东地区都十分吃紧。在关乎存亡的大西洋战役中，我们在德国潜艇和"福克·沃尔夫"式轰炸机的封锁之下为船队保驾护航，更使我们原本充足的资源损耗殆尽。

4. 因此，我们必须在北面迅速寻求援助。在过去三个星期，我海军参谋长一直在筹划一场军事行动，准备在挪威和芬兰北部出动舰载飞机攻击德军船只，希望以此摧毁敌军攻击苏联北极侧翼的军事力量。第一，我们已经要求你军参谋部在 7 月 28 日前撤离某一水域的苏联军舰，因为我们将在 7

月 28 日至 8 月 2 日对德军进行打击。第二，我们正在派遣巡洋舰和驱逐舰前往斯皮茨伯根群岛，以协助你方海军作战。第三，我们正派遣一队潜艇前去阻截德军在北冰洋沿岸的船队，但由于该地有极光，因此该项任务较为危险。第四，我们正在调派满载供给品的布雷舰开往阿尔汉格尔斯克。

我们如今能做的也只有这么多，我也希望我们能够提供更多帮助。在我们未告知您可以公布我们的计划之前，请切勿向外界透露此计划。

5. 我们根本没有挪威轻装师。且在事先没有空军掩护的情况下，我们的军队（无论是英军还是苏军）是不可能在极昼环境下登陆德军占领区的。须知，在去年的纳姆索斯战役以及今年的克里特岛战役中，我军均因此损失惨重。

6. 我们正在考虑的下一步计划是在摩尔曼斯克建立英国战斗机中队驻扎基地。为此，我们首先必须运送一批高射炮到此地；其次是运送飞机——部分飞机可以直接从航空母舰上飞往基地，其他飞机可以装箱运输。在这些准备工作就绪后，我们驻扎在斯皮茨伯根群岛的中队就可以飞往摩尔曼斯克与你方海军共同作战。我们相信，德国一定派遣了一支强大的俯冲轰炸机部队，一旦我们到达此地便会对我们发动攻击。因此，我们的行动必须一步步进行。所有这些部署和行动都将花费数周时间。

7. 如果您有其他建议，请迅速向我们提出。我们还将竭尽全力找寻其他对策打击我们共同的敌人。

1941 年 7 月 20 日

从一开始，我便尽我所能调集军火和补给支援苏联军队，包括大量转让美国送来的物资以及牺牲英军自身的部分补给。9 月初，两支实力堪比"飓风"式战斗机的战斗机中队由"阿尔戈斯"号运输舰运往摩尔曼斯克，以防卫海军基地并协助苏军作战。到 9 月 11 日，这两

支中队投入了战斗并英勇作战三个月。我深知，在联盟建立初期，我们所能做的事甚少，因此，我极力用"礼数"来填补这些空缺。

首相致斯大林先生：

1. 我很高兴地告知您，战时内阁已经决定尽快派遣两百架"战斧"式战斗机前往苏联，尽管这将大大减少我军的战斗机资源。其中，一百四十架战斗机将从我处运往阿尔汉格尔斯克，另外六十架战斗机来自美国对我军的援助。诸如零备件及装机人员的配备等细节将同美国政府商议后决定。

2. 两三百万双短靴很快便可以装船运往苏联。在今年，我们还准备提供大量橡胶、锡、羊毛、呢绒、黄麻、铅和虫胶片。同时，我们也会慎重考虑你们对其他原材料的需求。若是我方无法提供或是只能限量供应补给，我们则会同美国政府商量寻求解决的办法。

所有细节都将通过往常的官方渠道进行商榷。

3. 看到苏联军队如此英勇奋战，我们深表钦佩、备受鼓舞。据我们手头掌握的可靠消息，敌军损失惨重且士气遭受重挫。因此，我们将继续加大力度对德军进行空袭。

1941 年 7 月 25 日

橡胶资源稀少且十分珍贵。由于苏联索要的橡胶数量巨大，我甚至为此动用了我们为数不多的橡胶资源储备。

首相致斯大林先生：

1. 关于橡胶。我们将以最快最佳的途径从英国或美国发送货物。请说明具体需要哪一种橡胶，以及您希望我们以何种方式运送橡胶。我已下达了命令做好相关准备……

2. 苏联军队为保家卫国而全军奋起的抗战将我们两国紧密地团结在一起。冬季将至，德国将面临可怕的冬日轰炸。

他们将遭受空前沉重的打击。我在上一封邮件中所提到的海军行动正在进行当中。非常感谢您能够理解我们在此次伟大战斗中的难处，能提供的帮助有限。我们定当竭尽全力。

1941 年 7 月 28 日

首相致斯大林先生：

在我亲自督办之下，我们已准备将一万吨橡胶由英国运往苏联北部某个港口。

鉴于你方需求紧迫，我们冒险从为数不多的国内储备中拨出这一大批橡胶，且需时日才能将空乏的储备重新补足。橡胶及其他物资将于一周内或最多十日内装船完毕。一旦海军部安排好护航事宜，船只就会开往苏联北部港口。除了这新增的一万吨橡胶外，我们之前已经从马来半岛调配了一万吨橡胶。

1941 年 7 月 31 日

我多次发送私人电报希望跟斯大林先生建立一种愉快的关系，如同我跟罗斯福总统的关系那般。但在与莫斯科的长期通电中，我得到的多是不友好的拒绝，很少听到善言善语。更多情况下，我发去的电报根本无人回复，抑或是被搁置多日后方才回复。

在苏联看来，他们在本土为本国人民作战对英国来说是莫大的帮助。这种观点是不公平的，因为他们的战斗越持久，我们的负债就越重。在通信中，有两三次，我甚至措辞强硬地进行抗议，特别是我国海员冒着生命危险从摩尔曼斯克运送物资到阿尔汉格尔斯克，却遭受苏联"欠缺妥当"的对待。然而，几乎每一次，我都受到了对方的威吓和责备。像所有必须跟克里姆林宫打交道的人一样，我也只能耐心地耸耸肩，告诉自己"忍耐是一种美德"。当然，我也理解斯大林和他勇敢无畏的人民所承受的压力。

＊　　　＊　　　＊

　　眼下，德军已入侵苏联腹地。然而在 7 月末，希特勒和陆军总司令勃劳希契之间却出现了严重分歧。勃劳希契认为，部署在莫斯科前方的铁木辛哥集团军是苏联的主力，应先将其击溃。这是正统派的战略观点。随后，他又主张攻取莫斯科，因其是苏联的军事、政治和工业中心。希特勒则强烈反对勃劳希契的提议。他希望大面积掠夺土地，并在最广阔的战线上击败苏军。在北部，他要求拿下列宁格勒，在南部则要控制顿涅茨河流域工业区、克里米亚以及通往高加索石油区的入口。此间，可以暂时搁置莫斯科。

　　经过激烈的讨论后，希特勒的主张还是占了上风。他抽调部分中央集团军加强北部集团军兵力后，令其对列宁格勒发起进攻。余下的中央集团军群则转为防御状态，派出装甲集群向南旋转，攻击苏联军队，这支军队在龙德施泰特将军的追击下跨过了第聂伯河。在这次行动中，德军势如破竹。9 月初，苏军被逼入科诺托普—克烈缅楚格—基辅这个三角区域，成了瓮中之鳖。在这场历时一个月的惨烈战役中，五十多万苏军被杀害或被俘虏。在北部，德军却没有如此大好的形势。列宁格勒虽被包围却未被占领，这表明希特勒的决策失误。随后，他将重点转向中部，命令已经包围列宁格勒的军队派遣部分机动部队和空军重新进攻莫斯科。同时，南部作战的装甲部队也返回中部加入此战。9 月底，战争的重点转向曾被搁置的中部地区；同时，南部集团军继续东进奔赴顿河下游，直击高加索地区。

＊　　　＊　　　＊

　　苏联对波兰的态度从根本上决定了英苏早期关系。

　　对于德国入侵苏联，流亡在外的波兰人一点也不意外。自 1941 年 3 月起，波兰地下工作人员就曾向伦敦的波兰流亡政府报道，德国在

苏联西部边境聚集大批兵力。一旦战争打响，苏联和波兰流亡政府的关系必将有重大转变。而这其中的第一个问题是：1939年8月，苏德签订的《苏德互不侵犯条约》中有关波兰的条款必须被废止到何种程度才不致损害英苏两国的团结一致。纳粹进军苏联的消息轰动世界之时，波苏两国的关系（两国于1939年断绝了外交关系）就已然变得十分重要。7月5日，在英国的支持下，两国政府代表于伦敦会晤。波兰流亡政府首相西科尔斯基将军和苏联驻英大使麦斯基先生分别代表波兰和苏联参加会议。波兰人有两个目标：一、苏联必须同意1939年德国和苏联对波兰的瓜分无效；二、苏联必须释放所有在其占领波兰东部后掳掠至苏联的波兰战俘和平民。

整个7月，波苏两国的谈判都笼罩在一片冷淡的氛围之中。苏联人固执地拒绝做出任何如波兰所愿的具体承诺，且认为其西部的边界问题不容商榷。如此看来，我们能够相信苏联在未来欧洲战争结束之后会理性行事吗？英国政府从一开始就陷入了两难的境地。英国对德宣战的直接原因是英国对波兰做出了保证。我们有义务保护我们首个同盟国的利益。在目前这一阶段，我们无法承认苏联1939年占领波兰的合法性。1941年夏天，苏联加入我方阵营对抗德国还不到两周，我们不能强迫已经深陷危机的苏联放弃其边境毗邻地区，哪怕只是口头说说而已，因为苏联人民世代都认为这些地区对其祖国的安全至关重要。彼时，这一问题没有办法解决，因此，有关波兰领土的问题只能暂时搁置，待到局势好转再重新提上议程。尽管会招致反感，但我们不得不劝说西科尔斯基将军，请他相信苏联对未来和平解决波苏边境问题的诚意，同时希望他在此时不要迫使苏方对未来许下任何书面的承诺。就我而言，我真诚地希望，随着同盟国在对德作战中的深入合作，我们将来能够在谈判桌上友好地协商领土问题。在战争的关键点，一切都必须以加强共同作战为主。而且，在这次战争中，有数千波兰战俘被留在苏联，他们重新组成的波兰军队将在作战中发挥重要作用。在经过一番深思熟虑后，苏联也表示赞同这一观点。

7月30日，在经过数轮的艰苦谈判之后，波兰和苏联政府终于达成协议。两国重新建交。在苏联境内将组建一支波兰军队，并由苏联政府的最高统帅部全权调遣。有关波苏边界问题，协议中仅笼统地提到"1939 年关于变更波兰领土的《苏德互不侵犯条约》已失效"。在 7 月 30 日发往波兰的一份官方电报中，我国外交大臣表达了英国的观点和立场：

> 值此《苏波条约》签订之际，我愿借此机会告知您，根据 1939 年 8 月 25 日签署的《英波互助协定》，英国国王陛下政府未曾与苏联缔结任何影响到苏联与波兰关系的条约。同时，我还愿向您承诺，英王国王陛下政府不承认自 1939 年 8 月以来波兰的任何领土变更。

同日，艾登先生在下议院的会议上也援引了该文件，并补充道：

> 苏联政府在《苏波条约》的第一段中就承认，1939 年关于变更波兰领土的《苏德互不侵犯条约》已经失效。英王陛下政府关于这些事宜的态度，已由英国首相于 1940 年 9 月 5 日在下议院代为表述，首相说，未经有关国家在自由意志下同意的领土变更，英国政府不予承认。这同样适用于自 1939 年 8 月以来波兰的领土变更，我在致波兰政府的官方文件中如实告知了波兰政府。

艾登先生在回答问题时总结道："我刚才向本院宣读的双方文件不涉及英国政府对边界问题的任何承诺。"

此事至此告一段落。同年秋，波兰人便开始忙着清点他们那些在苏联战俘集中营中幸存下来的同胞们。

\* \* \*

我们竭诚欢迎苏联与我们并肩作战，尽管起初苏联的加入并未对

我们有多大裨益。德国军队十分强大，似乎能够持续数月威胁英国的同时又长驱直入挺进苏联腹地。几乎所有权威军事观点都认为，苏联军队将很快被击溃。可以说，苏联从一开始便出师不利：由于政府指挥不当导致其空军在着陆场遭到突袭；此外，苏军准备严重不足，持续伤亡，损失惨重。他们英勇抵抗、战略指挥果断有力、不惜人员伤亡代价，并且还在敌军后方展开了残酷的游击战，然而列宁格勒以南、长达一千二百英里边界上的苏联驻军还是被逼撤退了近四五百英里。尽管苏联政府的力量、苏联人民的坚韧不拔、巨大的人力储备、辽阔的国土以及苏联的严冬最终摧毁了希特勒的部队，但在1941年，苏联的这些优势并没有发挥任何作用。1941年9月，罗斯福总统曾宣称苏联将坚守其边境，且莫斯科也不会沦陷——此番论断在当时被认为是十分鲁莽的。然而最终，苏联人民的爱国主义精神和强大的力量有力地印证了罗斯福的这一观点。

即使在1942年8月，也就是我出访莫斯科并参加会议之后，陪同我的布鲁克将军还坚持认为德军将越过高加索山脉控制里海，因此，他认为我们得准备一场最大规模的叙利亚和波斯防御战。比起我的军事参谋们，我自始至终都对苏军的防御能力持更为乐观的态度。我相信斯大林会信守在莫斯科时对我的承诺，严守高加索山脉，使得德军无法进犯里海地区。但是关于苏联的资源和意图，苏方透露的少之又少，因此，任何看法都仅仅是猜测而已。

的确，苏联的介入转移了德军对英国的空袭，降低了德军入侵英国的威胁，更为重要的是使我们在地中海区域能够稍微喘口气。但我们也不得不因此做出重大牺牲并输送大量资源。终于，我们开始整装待发；我们的兵工厂开始源源不断供应各类军火弹药。我们在埃及和利比亚的军队正在激战，他们急需最新式的武器尤其是坦克和飞机。英国国内的军队正在焦急地等待着承诺已久的各式现代装备，而眼下它们近在咫尺。但就在这时，我们却不得不将这一大批武器和资源（其中包括橡胶和燃油）拱手让给他人。我们的肩头多了一份重担：我们得组织英国船队和美国供应品船队冒险穿过北极航道，前往摩尔

曼斯克和阿尔汉格尔斯克将这些军备物资转运给苏军。这些已经运给我们或即将运给我们的美国物资原本都是属于英国的，但现在我们却要忍痛割爱。为了运送这批物资，但同时又不影响我们在西部沙漠的作战计划，我们只能暂缓马来半岛和东方帝国及其属地的防御准备工作——这些防御工事是用来防卫日益扩张、虎视眈眈的日本的。

历史终将给苏联正名：苏联的顽强抵抗粉碎了德军的力量，并对日耳曼民族造成致命打击。对这一历史论断，我们不想质疑。然而我们必须明确指出：在苏联参战一年多的时间内，它带给我们更多的是拖累而非帮助。无论如何，我们很高兴这个强大的民族能够与我们并肩作战。在我们看来，如果苏联能坚持不懈地抗战，那么即便苏军被击退至乌拉尔山脉，它在整场战争中也能够起到巨大的并且是决定性的作用。

第三章

# THREE

托布鲁克防御战

奥金莱克将军出任司令——需要在西部沙漠发动进攻——奥金莱克前往伦敦——我们就战时内阁结构产生分歧——孟席斯先生下台——同法丁政府的关系——新政府要求从托布鲁克撤出澳大利亚军队——法丁政府垮台——柯廷先生的工党开始执政——撤军行动中损失巨大——皇家海军在托布鲁克的防卫活动

奥金莱克将军实际上已于 7 月 2 日出任中东英军总司令，7 月 5 日正式就职。我满怀期待地同新任总司令开始联系。

首相致奥金莱克将军：

您在临危之际肩负起了伟大的指挥任务。面对眼下的局势，您应决定是否应该在西部沙漠重新采取攻势、如果采取攻势应在何时。您应当特别关注托布鲁克的局势，密切注意敌军在利比亚的增援，同时盯防眼下德军对苏联的进攻。您还需考虑到，一旦叙利亚方面的行动失败后果如何，且应就这两个战场或其中一个做出决定。您还应断定，这些行动能否以及如何配合。相信您已经感受到了事态之紧急。我们殷切等待您的尽早回复。

1941 年 7 月 1 日

次日，我再次发去电报，内容如下：

首相致奥金莱克将军：

一旦处理完叙利亚问题，我们希望您能够派遣威尔逊将军率军前往西部沙漠。当然，决定权在您。

1941 年 7 月 2 日

但遗憾的是，尽管我后来又再次提及，但奥金莱克将军并未接受这一建议。

7 月 4 日，奥金莱克将军回复了我的第一封电报。他同意，一旦叙利亚局势稳定且我们重夺伊拉克的控制权以后，他将慎重考虑在西部沙漠组织进攻的计划。然而，足够的装甲部队是战争成败的关键。他认为，我们需要两个或三个装甲师以及一个摩托化师。此次进攻旨在将敌人赶出北非。由于战略指挥等原因，行动必须分阶段进行。首要任务便是分阶段行动夺回昔兰尼加的控制权。在电报的结尾，奥金莱克将军还提到，若是同时在西部沙漠和叙利亚采取行动，将导致全盘皆输。

我认为把我们所看到的全局铺陈开来是明智之举：

首相致奥金莱克将军：

1. 我同意先占领叙利亚的计划，并且我们始终认为，控制叙利亚是控制或重夺塞浦路斯的前提。望叙利亚的事宜能够尽快解决，并且您不会在塞浦路斯受阻。我们在此完全同意，在目前的形势下，应先解决叙利亚和塞浦路斯的问题并暂缓西部沙漠的行动。

2. 不过，西部沙漠仍是今秋保卫尼罗河流域的决定性战场。只有夺回昔兰尼加东部的飞机场，我海空军才能有效袭击敌人的海运线。

3. 韦维尔将军在 4 月 18 日的来信中写道，他已有六个训练有素的装甲团整装待发，眼下只等坦克运到。这也是我们为什么要运送停获的德军坦克的主要原因。除此之外，另有

三个坦克团正绕道好望角前来。因此，您对装甲战车的需求将得到满足——尽管韦维尔将军和您均强调还需进一步强化这批已经训练有素的装甲部队。我们估计，如果您的工厂运作良好，您将在7月底拥有五百辆巡逻坦克、步兵坦克和美国巡逻坦克，此外还有大批各式轻型坦克和装甲战车。

4. 除非美国提供补给以及我方从国内再拿出一部分物资，否则供应情况在7、8月份很难得到改善。须知，即使7、8月份过后，我们自9月1日起还需充分准备以抵抗敌军的侵略。因此，总参谋部自然不愿绕道好望角（这是目前唯一的通道）把一大批坦克运往非洲，从而导致国内外部队在10月之前都（因缺乏坦克）无法投入战斗。10月之后，随着美国供给的增加，我们的局势将有所改善，但估计在那之前我们已经遭受沉重打击。

5. 如今，我们从情报部门得知，一大批意大利军队已经增援利比亚，但仅有少量甚至没有德军参与增援行动。无论如何，一旦苏联失守，局面将对您不利，且我方仍面临被入侵的威胁。

6. 我们已告知您我方的空军规模。在7、8月以及9月上旬，您可能会掌握空中优势。但是，如果苏联战线崩溃，大批德国空军部队将飞赴非洲战场增援。如果敌军并不打算进攻，而只是佯攻的话，那么他们9月便可在西线上空取得制空权。

7. 因此，首先要考虑的问题便是利比亚港口托布鲁克。我们无法判断，两个月内对托布鲁克发动攻势会有怎样的战略价值，或是这期间可能发生什么。在我看来，攻陷托布鲁克是德军大举入侵埃及必不可少的前提。

8. 从以上种种来看，9月下旬之后您的处境将很难改善，甚至可能更糟。我深信，您会即刻充分地考虑整个局势……

9. 关于空军。我认为，为了有利于一切作战目标，您的

计划必须包括控制中东地区全体空军力量。当然，也请牢记，空军有其明显的战略优势，切不可像在塞卢姆战役中那样，把空军消耗在小规模掩护陆军上面。您在电报中提到，要空军支援陆军，要空军支援海军，还要空军独立完成战略任务。可问题是，这三者的比例该如何分配？此事还需由各军总司令商讨。但是无论怎么分配，都不能削弱空军在您的主要作战计划中的整体力量优势。这使我不禁想起，在塞卢姆战役中（代号"战斧"），我们的空军力量被白白浪费，而在西部沙漠，我们在托布鲁克的部队只能眼睁睁地看着德军调集所有可用的坦克击溃我方部队。

1941 年 7 月 6 日

对于我以上的电报，奥金莱克将军于 7 月 15 日回了信。信中，他建议尽快向塞浦路斯增派一个师；同时，他也表示知悉收复昔兰尼加的必要性，但称他并没有足够把握托布鲁克能撑到 9 月以后。至于那六个训练有素的装甲团，奥金莱克将军说，由于美式坦克的特点和装备给战术操作带来了变化，因此这批部队还需一定的时间来学习如何操控装备。此外，他也认为，到 7 月底他将拥有五百辆巡洋坦克、步兵坦克和美国坦克。然而，任何一场战斗都需要百分之五十的坦克作为后备，留下百分之二十五的坦克在工厂整修，最后仅有百分之二十五的坦克能作战场上替补之用。这简直让将军们无法决策——怕是他们只能在天国里才能随心所欲地调遣坦克了。此外，配备了坦克的部队并非总是能打胜仗。奥金莱克强调，必须留出时间进行个人和团体训练，尤其是团队精神的培养，因其对提高全军作战效率至关重要。他认为，相比西部沙漠，北部战场（即德军经由土耳其、叙利亚和巴勒斯坦的进攻）或许是更具决定性的。

从之前的电报中就可以看出，奥金莱克将军和我之间存在着严重的分歧。这让我很是失望。奥金莱克将军先前的一些决策也令我感到困惑。在我的长期坚持之下，英国第五十师终于被派到埃及。我之所

以这么做，源于我对一些不怀好意的宣传甚是敏感——这些宣传称，英国的政策是用其他国家军队打仗而不用自己的军队，以此避免英军伤亡。事实上，我军在中东战场（包括希腊本土和克里特岛）的伤亡人数比我军在其他所有战场的伤亡人数加起来还要多，但惯用的部队名称却混淆了这一事实。印度师中步兵和所有炮兵三分之一都是英国人，但该师却没有被命名为"英国—印度师"（简称英印师）。在战斗中冲锋陷阵的装甲师清一色是英国人，而该师的名称却与我军没有丝毫关联。我们多次促请要求在部队名称里加上"英国"的字样，却仍旧改不了习惯性称呼。英国第六师的许多营都曾在多场战役中浴血奋战，然而在种种压力下，他们却无法整编成一个正规的建制。这不是件小事。在各种战事报道中鲜见"英国"字样，这给了敌军大肆奚落我们的机会，甚至在美国和澳大利亚招来对我们不利的评论。我本希望借第五十师入驻埃及之机使谣言不攻自破，但令人遗憾的是，奥金莱克将军却决定将该师派往塞浦路斯。此举无疑使我们莫名遭受的责难雪上加霜。在国内，从军事战略的角度来看，奥金莱克将军竟这般调遣一支如此优秀的部队，着实令三军各参谋长大为吃惊。的确，此举在我们看来不符合任何军事策略。

此外，奥金莱克将军还做了一项更为严重的决定，那就是推迟在西部沙漠上对隆美尔部队的一切行动——起初计划推迟三个月，但实际上最终推迟超过四个半月。韦维尔于 6 月 15 日采取"战斧"行动是情有可原的，因为事实上，尽管我军受挫被逼撤回原地，但德军在我军行动推迟期间也只能原地驻守。这是因为由于受到托布鲁克的威胁，他们的交通线受阻，无法增援装备以及军火炮弹。隆美尔也只能靠着他的意志和名号在那撑着。他的军需补给压力巨大，因此，军队规模只能逐步扩大。反过来，英军在公路、铁路和海上交通畅通，人力和物力资源充足。在这种情况下，我们就应该不断地攻击隆美尔的部队。

若条件允许的话，将军们总是喜欢在战前精心安排，等到天时地利人和之时出击，而不是漫无目的地跟敌军打消耗战。诚然，他们喜欢稳操胜券而不是肆意冒险。然而，他们忘记了，战火未曾熄灭。相

反，它呈燎原之势夜以继日地燃烧着，且所有战场上的结果均变幻莫测。此刻，苏联军队正处于水深火热之中。

在我看来，第三个错误观念是过分重视北面侧翼。的确，我们需要最大限度地警惕北面侧翼的攻势，且需在巴勒斯坦和叙利亚修筑坚固的防御工事。但这里的情况已经比6月时改善许多。叙利亚被攻陷，伊拉克叛乱被镇压，且我军占据着所有重要的据点。尤其是德国和苏联之战给予了土耳其极大的信心。只要苏德之战未分胜负，德国就无法通过土耳其境内运送军队。英国和苏联的行动很快就会将波斯拉入同盟国的阵营。这将保证我们能安稳地度过冬季。同时，从整体局势来看，在西部沙漠采取决定性行动于我方更为有利。

＊　　＊　　＊

7月19日，三军参谋长致电奥金莱克将军：

三军参谋长致奥金莱克将军：

您说除非增派至少两到三个训练有素的装甲师，否则您不会考虑在西部沙漠发动进攻。然而，德国进攻苏联之前，我们不可能增援大量的巡逻坦克，因为我们要随时防御德军在8、9月份对我国发动侵略。眼下，我们不能完全排除德军入侵这一可能，因为苏联似乎很快便会沦陷。但是，如果增援坦克能够收复昔兰尼加并让我们收获颇丰，我们倒愿意冒险这么做。在7月15日的电报中，您对9月后能否保住托布鲁克表示怀疑。因此，我们认为，绝不能拖延任何为收复昔兰尼加而发动的攻势。我们估计，我方空军力量将持续增长到9月份，且9月之后还可能再壮大。当然，这取决于苏联的战况。

综上考虑，收复昔兰尼加最好的方式（如果不是唯一的方式）便是最迟于9月底发动攻势。如果我们立即给您派遣

一百五十辆巡逻坦克，您是否会发动进攻？我们估计，这些坦克在 9 月 13—20 日便可运抵苏伊士。我们还准备用 W. S. 第十一号（运输船队）运送四万名士兵，并由您全权调配我们提供的物资和兵力。如果您不打算于 9 月底发动攻势，那么我们认为，在确保敌军不会于今年对英国发动进攻之前，我们没有理由调用进口粮食的船只并拆散第一装甲师为您运送这一百五十辆坦克。

1941 年 7 月 19 日

我个人也发去一封同样内容的电报：

首相致奥金莱克将军：

1. 在收到您 7 月 15 日的电报之后，三军参谋长和战时内阁国防委员会均慎重考虑了您信中所提的种种。以下将向您传达三军参谋长的看法，而我本人与他们意见一致。

2. 9 月中旬，届时，如果您获得了英国国内物资、美国坦克以及其他大批增援，您便可以将它们作为储备，并据此在占据优势时加紧进攻、失势时退防埃及。

3. 得知您麾下新整编的英国第五十师竟被困在塞浦路斯、几乎处于全军防御的状态，国防委员会深表担忧，且不知其他部队是否已被敌军发现（击溃）。

4. 国防委员会暂时还未看出 9 月末德军将如何从北部袭击叙利亚、巴勒斯坦和伊拉克。他们认为，波斯深陷德军的渗透和阴谋之中，处境更为危险，因此必须在波斯采取行动。但这是韦维尔将军的职责，并且我们已经关注到了他迫切采取行动的明显意图。

5. 苏德之战为我们争取到收复昔兰尼加的空隙，如果我们不加以利用，此次机会将失不再来。距我军在塞卢姆失利已近一个月，要重新采取行动恐怕还需一个月时间。在局势

变化之前，我方应在西部沙漠发动一场激烈的大决战。为获得胜利，此举势在必行。

我们仍旧建议，除非您亲自指挥，否则下次攻势由威尔逊进行指挥为宜。

1941 年 7 月 19 日

7 月 23 日，奥金莱克将军回复了我的电报。他说，他是经过深思熟虑之后，方才做出决定，将第五十师调到塞浦路斯。"如果您想了解，我可以向您详细阐述促使我这样做的原因，而且各个理由都无可争辩。因此，我希望您能够让我全权处理此类事宜。"他认为，德军可能会于 9 月上旬经由安纳托利亚对叙利亚发起进攻。

奥金莱克将军致首相：

我完全同意应借德军忙于攻打苏联之机，在利比亚给敌军一击，但我必须重申，从战争的角度来看，在准备尚未充分的情况下发动攻势并非明智之举。而且几乎可以肯定的是，这样做会大大推迟我们进行有准备作战的日期。当然，要取得胜利，就必须以身犯险。如果此险值得一犯，我当倾尽全力。

1941 年 7 月 23 日

他在结尾处说道：

我当下意图如下：1. 尽快巩固我军在塞浦路斯和叙利亚的阵线，并维持我军在叙利亚的力量。2. 加紧对各师各旅的整编、重组和重新装备，这些部队在希腊、克里特岛、利比亚、厄立特里亚和叙利亚遭受重创，伤亡惨重且损失大批弹药；不仅如此，他们在多数情况下只能被敌人打得溃不成军。3. 协同总监督官，加快对后方补给、调动和整修后勤机构的

重组和现代化改造工作。4. 确保装甲部队的训练和装备——须知，若没有装甲部队就无法发动进攻。5. 按照 7 月 19 日中东各总司令致三军参谋长的电报中所说，集中力量为进攻利比亚做好侦察和计划工作。此番计划之后，我将进一步向您请教取得作战胜利的方法。

＊　　＊　　＊

此刻，我感受到了奥金莱克将军态度的强硬，且这种态度无益于我们实现共同目标。在一些开战后出版的书籍中，开罗作战参谋部中一些颇有影响力的部属强烈谴责派兵前往希腊。他们不知道，当初韦维尔将军是如何欣然地全盘接受这一出兵决策的。他们更不知道，当战时内阁和三军参谋长向其详述其中的利弊时，几乎遭到了他的否决。韦维尔似乎被政客"引入了歧途"。自他顺遂政客们的意愿之后，灾难便接踵而至。他这种善良性情最终得到的"回报"却是在战败后被撤职，尽管他曾战功赫赫。在参谋人员们看来，他们更希望新的指挥官不会被迫以身犯险，而应该稳扎稳打。或许奥金莱克将军也意识到了这一点。因此，我与他的通信显然并无太大进展。

> 首相致奥金莱克将军：
>
> 　　从您与我们的电报来看，我们需要坐下来好好地谈一谈了。三军参谋长也期待这场对话。除非您因眼下军情紧急而无法抽身，我们希望您能即刻携一两名参谋军官前来与我们会面。在您离开期间（此事应保密），布莱梅可代您行使职权。
>
> 1941 年 7 月 23 日

奥金莱克最终同意前往会面。从多方面来看，他短暂的伦敦之行确实颇有裨益。其间，他同战时内阁成员、三军参谋长和陆军部都相

处融洽。我本人也与他在首相官邸共同度过了漫长的周末。眼下，我们的前途命运握在这位杰出的长官手里。随着我们对他的了解加深以及他与英国作战机构的高官们的深入交往，再加上他目睹作战机制的成熟运作，我们彼此间的信任也在进一步加深。然而，我们还是无法说服他——他仍执意要推迟行动从而为精心安排在 11 月 1 日发起的进攻做好准备。该进攻后来被称为"十字军战士"行动，同时也是我们迄今为止发动的最大的一场进攻。奥金莱克将军论断独到，连我的军事参谋们也被他说动了。我仍旧坚持自己的观点。然而，奥金莱克将军不容置疑的军事能力、雄辩口才、崇高威严的个性以及威风凛凛的气质都令我感觉他终究是正确的——即便他错了，他也是最杰出的指挥官。我最终还是同意于 11 月发动攻势，并决定全力以赴助其取胜。遗憾的是，我们没能说服他让梅特兰·威尔逊将军担任此次战事指挥。他选择了在埃塞俄比亚打了数次胜仗后名声大噪的艾伦·坎宁安将军。如今，我们必须竭尽全力达成此事，且绝不能半途而废。既然同意了奥金莱克将军的决策，我们也便和他荣辱与共。

　　眼下，我们完全清楚德国最高统帅部对隆美尔处境的看法。虽然他们非常欣赏隆美尔的胆略和成就，但他们认为隆美尔现在身处险境。德国最高统帅部严禁他在获得增援之前采取任何冒险的行动。或许，隆美尔可以凭借其响当当的名号蒙混过关，并等待德军最大限度的增援。他的交通线长达一千英里直达的黎波里。虽然班加西港是运送物资和军队的捷径，但无论是到的黎波里还是班加西，都不免会在航运过程中遭受巨大损失。英国军队不但已经在数量上占优势，而且还在日益壮大。德军坦克仅在性能和编制方面占优势，且空中力量薄弱。此外，他们的弹药匮乏，因此惧怕开火。托布鲁克似乎是隆美尔部队后方的致命威胁。我军随时可以在这里发起突击切断其交通线。他们无从知晓我方到底是从托布鲁克出击还是以主力进攻。但是，如果我们一日按兵不动，他们就一日暗自窃喜。

　　1941 年 6 月 2 日，德意两国在勃伦纳山隘举行会议，出席会议的军事将领有凯特尔元帅和卡瓦勒罗将军。凯特尔认为在秋季以前，他

们不能对埃及发动进攻，且若要进攻则必须使用小股装备精良的特种部队而非大部队。因此，四个装甲师（其中两个为德国师）和三个摩托化师将投入战斗。在北非战斗人员不能超额，人数要控制在粮食可供应范围内。卡瓦勒罗将军称，在非洲集团军中服役的意大利师溃不成军，已经损失将近百分之四十到百分之六十的人员和物资。车辆情况也不容乐观，其中帕维亚师的卡车只剩二十七辆。

凯特尔认为，目前最需要的是高射炮和海岸大炮，这样才能更好地加强供应港口和供应站的防御；其次是增援非洲军队的炮弹，因为今后行动的首要条件之一就是夺取托布鲁克。如今，没有重型炮弹，德国和意大利军队就无法夺取该地。除了作战部队，德国在发动进攻之前还需要供应大批物资以及准备运输队。仅德国非洲军团每月就需要四万至五万吨物资，此外还要为意大利军提供补给。军用车辆除了配备给非洲军团外，剩余的则调配给意大利军。德国运输机中可利用的舱位很少。由于德国空军正从西西里岛撤离，因此，意大利必须独自保卫海岸和海岸运输。更强大的德国空军部队正被调往北非保护海岸和海岸运输。

对于这位德国将领的一番讲话，卡瓦勒罗将军深表感谢。他和墨索里尼都同意凯特尔的观点。意大利的当务之急是稳住现在的局势。由于北非的防卫部队人数太少，必须轮换围攻托布鲁克的部队让其有机会休息。眼下，塞卢姆的局势依旧十分严峻。

8月，德国空军作战参谋部报告称：

> 众所周知，我军在北非的物资供应十分吃紧……班加西港的港口吞吐能力到现在也未尽其用。自我们夺取德尔纳之后，我们还未修补英军在该港口造成的破坏……拜尔迪耶港也应进行修复。因此，我们敦促意大利立即开展必要的工作。我们必须利用班加西、德尔纳和拜尔迪耶来供应物资，这将减轻的黎波里港的部分负担，同时减少从的黎波里到班加西这一危险路段的运输量。非洲运输形势十分严峻，这加大了

从的黎波里到班加西运输的难度。

除非东欧停止作战，否则我们将无法在地中海区域增援空军。

8月底，凯特尔和卡瓦勒罗将军于苏联前线希特勒司令部会晤。凯特尔说，在托布鲁克被拿下之前还不能说我们在非洲的位置稳固。如果对非洲的运输一切顺利，精心挑选的德国部队将于9月中旬准备就绪。卡瓦勒罗将军回应说，意大利元首已经命令加紧准备托布鲁克进攻事宜。我们可以肯定，意军无法于9月中旬前做好进攻的准备；也许他们要到9月底才能完全准备妥当。

事实上，他们9月底也并未做好准备。德军和意军在10月份甚至11月份都没有准备好。当然，一旦被攻击，他们仍旧会顽强抵抗。

8月29日，德意两军参谋部达成一致：

我们无法于近期由利比亚对苏伊士运河发动攻势。即便我们需要在秋季时拿下托布鲁克，但由于双方力量悬殊，我们无法实现这一目标。这同样适用于任何有限目标的进攻，因为我们每向东推进一步，我们的供应就会愈发吃紧，而英国的供应则会进一步得到加强。

1941年9月9日，德国联络参谋部对局势做出如下评论：

尽管德意不断进攻托布鲁克，托布鲁克状况也未有好转。直到现在，敌军仍然在用驱逐舰和小型舰艇在夜间向这座堡垒运送物资……据非洲空军司令部报道，托布鲁克的防空力量十分强大，跟马耳他岛的防空力量相差无几……英军发动了大大小小多次突袭，似乎是想找出包围圈的缺口。这是在为突围做准备，这场突围将与南方战役同时展开……

$$* \quad * \quad *$$

　　我已经就延缓进攻开展了军事讨论，我必须在此记录下我的看法：奥金莱克将军在沙漠地区延迟了四个半月才同敌人交锋，这是错误的也是不幸的。本章还将包括我们与澳大利亚政府的分歧之处，不过澳军在埃及保卫战中起到了关键作用。

$$* \quad * \quad *$$

　　澳大利亚总理孟席斯于 5 月离开英国。他能够在英国长期逗留是件难能可贵的事。他与我们的战时内阁共度了两个月的艰难时期，并与我们一起做了许多困难的决策。他不满我们内阁的组织架构，也不满我在战争中权力过大。他在诸多场合都向我提过这两个问题，我也用自己的理由予以反驳。孟席斯希望能够成立包括四个自治领的代表在内的帝国战时内阁。在回国途中，他在途经加拿大时以书面形式向麦肯齐·金先生、史末资将军和弗雷泽先生递交了建议。然而，无人赞成他的提议，尤其是麦肯齐先生以宪法作为论点，反对加拿大派遣代表出席战时内阁，从而让加拿大受制于伦敦所作出的会议决策。

首相致澳大利亚总理：

　　如果您能再次以总理身份访问英国，并出席我们的会议，我们将不胜欢迎。我们也欢迎所有自治领总理以此方式分担我们的责任。要让除自治领总理以外的人加入战时内阁恐怕行不通，因为自治领代表的加入会增加战时内阁常任成员，导致组织结构内部出现难以预测的变化。据我调查，其他自治领不会同意由单独一个自治领代表他们出席内阁会议。我希望您在拟订计划时记住这几点。致以最诚挚的问候。

1941 年 8 月 19 日

然而不久之后，澳大利亚政府内部发生了大变动。自然，在一系列不幸之后，联邦内阁就战争指挥发生了诸多分歧。澳大利亚工党不赞成孟席斯先生访问伦敦。鉴于政府内外的政见，孟席斯先生向其同僚递交了辞呈，并提出在澳大利亚全国性内阁中服务。8月25日，澳大利亚工党拒绝了他的提议，并要求政府全体辞职。8月28日，孟席斯先生辞职，由副总理法丁先生接替。失去孟席斯这个人才是澳政府的损失，政府能力将会被大大削弱，它在议会中仅占一票优势，且在这危难时刻，反对党还觊觎地方政权。尽管我同孟席斯先生有分歧，但我们仍保持着友好的关系。随着他的辞职，他在参与战时内阁的两个月内所获得的战况和消息都付诸东流，而我们之间所建立的联系也都白费了。我向他发去如下电文：

　　首相致孟席斯先生：

　　　　我无意干预澳大利亚内政，但得知您辞职，我深表遗憾。您曾在这惊涛骇浪的两年中执掌国政，您曾与我们一起面对澳大利亚的最艰难时期。我们钦佩您的勇气，感激您的帮助。我们的私人友谊让我获益匪浅。对于您的遭遇，我感同身受：我曾经能够让澳大利亚和新西兰军团在达达尼尔海峡取胜，但在关键时刻我却被解职了。在这种处境之下，唯一欣慰的是知道自己已经尽力了。我妻子及全家向您问候。

　　　　　　　　　　　　　　　　　　　　1941年8月28日

＊　　　＊　　　＊

　　我必须加紧与法丁先生建立私人联系，并就战时内阁结构和日本危机陈述我方观点。

　　首相致澳大利亚总理：

　　　　得知您就任澳大利亚总理，我向您致以最诚挚的祝福，

并承诺，我与我的同事将竭尽全力与您同舟共济、携手共进，正如我们同孟席斯先生合作时那样。我们也很高兴地得知，孟席斯先生在您的领导下担任国防协调部长一职。

1941 年 8 月 29 日

随后，我根据我的同僚的意见，从帝国和宪法的角度阐释了孟席斯先生提出的问题。

我们同法丁政府及柯廷先生的工党政府的关系发展得不如他们的前任顺利，且我们之间存在严重的分歧。新政府在反对派强压之下非常关心澳军在托布鲁克的处境。他们希望把中东的军队整合成一支军队，以便给他们休养生息、重新装备的机会，从而顺遂澳大利亚国内舆论。新政府还担心堡垒中澳军的"身体抵抗力下降"，无法应对敌人进攻，从而影响战局。因此，他们要求另派军队去接替这些澳军。奥金莱克强烈反对这一变动，他提出，替换军队实属困难，且会搅乱进攻计划。我尽量让奥金莱克将军放心。

首相致奥金莱克将军：

我相信，如果我们把事实摆在澳大利亚面前，他们会继续配合的。我们不希望托布鲁克的供应及任何其他配合行动受阻。如果澳方这一要求会打乱您的计划，我便会把事实陈列在他们面前。澳大利亚绝不会做有失体面的事情。当然，如果澳的举动无伤大雅，那我们也可以尽量满足他们的愿望。

1941 年 9 月 6 日

我认为应当向我们的兄弟政府进行详细解释。

＊　　　＊　　　＊

在我的提议之下，奥金莱克将军曾试图撤出托布鲁克的部分澳大利亚守军，代之以波兰旅。这使得海军遭受重创，几乎所有船只都被空袭。这位总司令终止了这项行动并给出详尽理由，称"这可能延缓西部沙漠的进攻"。他说："因此，我建议立即停止大规模撤换托布鲁克的澳军，并增加一个步兵坦克营。"我把奥金莱克将军的电文发给法丁先生，并致以下呼吁：

首相致澳大利亚总理：

1. 兹送上奥金莱克将军就替换托布鲁克澳军一事给我的亲启电报全文。我之所以这样做，是因为我完全相信您会妥善处理此事。奥金莱克将军与中东的海军、空军司令经过长期磋商后才致予我这封电报。

2. 从他的电文中您可以得知，即使您坚持从托布鲁克撤军，也无法按时撤离所有澳军，所以您无法在 9 月中旬向联邦议会做出已撤军声明。事实上，在 9 月份无月光照射时期，只能够撤出一半的军队，另一半军队不得不在 10 月下旬撤出，而 10 月下旬是我们准备进攻的关键时期，在这一时期，空军需要集中力量进攻敌人的后方、供应站和飞机场。而且请勿向联邦议会做出撤军声明，因为任何撤军暗示都可能会招致敌军猛烈轰炸托布鲁克港及沿海地区。然而，如果您坚持撤军，我们必将不惜一切代价、不顾风险下达撤军命令。坚守托布鲁克直至胜利到来是澳大利亚的光荣。

3. 我不得不再次提醒您，请务必对未来的行动和部队的调遣绝对保密，因为这些机密是由于撤军问题才迫使总司令不得不向我们透露。

1941 年 9 月 11 日

这封电文却徒劳无果，我只好作以下答复：

首相致法丁先生：

我们将立即按照您的决定发出指令。但目前请保守秘密，这对大家极其重要。

1941 年 9 月 15 日

我致电奥金莱克：

首相致奥金莱克将军：

我对澳大利亚的态度感到痛心，但长久以来，我一直都担心，我们在中东只使用自治领军队会不会招致澳大利亚乃至世界的不满，从而引起不利的反响。出于此原因，外加我希望增援您，我不断敦促派遣英国步兵师。您将英国第五十师派往塞浦路斯的决定令我们痛心。我知道这样做是因为您觉得塞浦路斯是个十分危险的地带，但是，随着德军入侵苏联，情况却有所转变。我确信，您会对这支处于安全防御状态的军队予以重新考虑……

我希望澳方撤军不会影响您的进攻计划。局势现已恶化，敌军的汽油供应越来越多，非洲装甲军现也已更名为非洲装甲集团军。等到我们筹集了一个旅的兵力，敌军估计已经增援了一个师。您的任何运输行动和供应站设置也定会引起敌军的关注。然而，这一攻势关系到 1942 年中东战役的未来，也影响到我们与土耳其、苏联的关系。

1941 年 9 月 17 日

法丁政府的要求深深冒犯了奥金莱克将军，他甚至想辞职，因为他没有赢得澳大利亚政府的信任。这件事有百害而无一利。

我请求驻开罗的国务大臣奥利弗·利特尔顿先生出面调停。

首相致国务大臣：

1. 奥金莱克将军认为我们与他意见不合（关于托布鲁克的澳军问题），这是不可能的事。我的一系列电报，尤其是我于 9 月 11 日致法丁并转发给奥金莱克、现也随函转发给您的电报，都表明我们强烈反对澳大利亚在这个关键点撤军。而且，奥金莱克将军回国时，我还特意鼓励他不要让不必要的撤军影响到托布鲁克的防御。

2. 我对澳大利亚政府的决定感到震惊，不过我确信，如果澳大利亚政府知晓事实，他们一定不会做出这样的决定。我们应当体谅澳政府，它仅以一票优势险胜，反对党虎视眈眈，其中至少有一部分人持有孤立主义观点。

3. 最要紧的是，英国和澳大利亚之间不应有任何公开的争论。因此，我们必须摒弃所有私人情感，至少维持表面上的团结。英澳矛盾大多是因为我们在多数作战中都未出动英国步兵，从而导致世人和澳大利亚认为我们只用自治领的军队作战。

4. 我将致电奥金莱克将军，向他保证三军参谋长完全同意他的军事观点。

1941 年 9 月 18 日

至此，私人纠葛暂时解决，但澳大利亚还可能在 10 月份撤走最后一批军队。

首相致奥金莱克将军：

成败在此一战。敌人可能给您足够的时间，但每拖延一日，风险就更大。土耳其命运就悬于这场战争，土耳其行动能否成功很大程度上取决于昔兰尼加之战。

我希望能够说服澳政府不要在 10 月从托布鲁克撤走最后两个旅，不要阻碍您的行动计划。

1941 年 9 月 29 日

此时，我向法丁先生说明了整个局势，并提出了强烈的请求，但得到的答复依旧冷漠。不过，法丁先生的政府最近在一次预算表决中被击败，由柯廷先生领导成立了工党政府，虽然它也是以一票优势险胜。新总理给我发来电报后，我立即同他友好地联络起来。

首相致澳大利亚总理：
感谢您在着手联邦事务之际向我发来电报，我同样致以诚挚的祝福。我们一定能够互信互利、共同合作。
1941 年 10 月 8 日

但是这位新总理同样反对我的请求，所以我希望赶快结束这个不愉快的插曲。于是在 10 月 5 日，我致电奥金莱克将军：

首相致奥金莱克将军：
我很遗憾，前任澳政府在"负担过重"（接替托布鲁克的澳大利亚军队）的问题上仍旧没有给予积极的回复，我至今还未与新政府联络。但我希望"十字军战士"行动不要有任何拖延。
1941 年 10 月 5 日

一段时间之后，我就托布鲁克问题致电柯廷先生。

首相致澳大利亚总理：
我要再次提起曾经向前任总理提过的问题，希望您重新考虑。奥金莱克将军不止一次跟我说，如果剩余的澳大利亚军队能够留在托布鲁克直至未来战争结束，这将会对他产生莫大的帮助。我不会重申我的论点，但我想补充一点：只要您同意，这次不会让您的军队去冒险或单独冒险，同时，这还会成为我们在战斗中的一次友好合作。
1941 年 10 月 14 日

首相致奥金莱克将军：

1. 您在电文中说，若其余澳军能在"十字军战士"行动以后再撤军，这将会对您帮助极大。今晨，我已把随函附件的（以上）电报发予澳方政府。新政府似乎愿意给予您方便，如果真是如此，我将不胜欣慰。一两日内他们便会做出决定，到时再通知您。

2. 苏联的战况不容乐观，现在一切就看您的了。

1941 年 10 月 14 日

柯廷先生仍旧坚持前任政府的决定，故我不得不通知奥金莱克将军继续撤军。

\*　　　\*　　　\*

托布鲁克被围期间，尽管敌军不断加大空袭力度，我们却始终能得到海军的支持。况且，当时还无法出动战斗机掩护港口，因为我们的机场位置较远。当时，商船已无法在海上航行，所有资源都必须由驱逐舰和小型舰艇在黑夜中运送。自 7 月"阿布提埃尔"号和"拉托娜"号这两艘快速布雷舰投入使用后，托布鲁克航线的形势大有好转。除了运送弹药和给养，我们还需从这座被围困的堡垒运入、运出大批军队、武器（包括坦克）。海军总计运送了三万四千名士兵、七十二辆坦克、九十二门大炮、三万四千吨供给品。此外，他们还撤出了同样数量的兵员（包括伤兵和战俘）。这项行动让我们损失了一艘布雷舰、两艘驱逐舰以及其他二十二艘船只；另外还有十八艘船只遭受重创，九艘商船和两艘医务船也沉没或损毁。虽然我们付出了巨大牺牲，但这让我们在托布鲁克地区连续抵抗了两百四十二天。在这段时期，这座堡垒在整个战争尤其是即将到来的进攻行动中发挥了积极作用。

*　　*　　*

10 月 25 日晚，澳大利亚两党期待已久的撤军行动开始，这次行动风险巨大、损失惨重。我将此情况告知柯廷先生。

首相致澳大利亚总理：

　　昨夜，为了运送托布鲁克最后一千两百名澳大利亚兵员，我们最新的"拉托娜"号快速布雷舰在敌军的空袭下被击沉，"英雄"号驱逐舰遭受重创。上天保佑，船上并无澳大利亚士兵。我尚不知晓我们的伤亡人数。据坎宁安海军上将报告，必须等到下一次天黑之夜，也就是 11 月，才能够运出这一千两百名士兵。我们会尽一切努力满足您的愿望。

　　　　　　　　　　　　　　　　　　　　1941 年 10 月 26 日

首相致澳大利亚总理：

　　幸而"拉托娜"号只运载了三十八名士兵前往托布鲁克，余下的一千人则在三艘随从驱逐舰上。从晚上七点至十点半，敌军低空轰炸约十五次，伤亡人数如下："拉托娜"号有四名海军军官失踪、一名受伤；二十五名船员失踪、十七人受伤；六名陆军军官受伤；其他军士七人失踪、一人受伤。"英雄"号无伤亡。我们应该庆幸敌军没有在撤军初期就开始轰炸。

　　　　　　　　　　　　　　　　　　　　1941 年 10 月 27 日

*　　*　　*

每提起这件事就让我莫名心痛，但也不可能避而不谈。此外，澳大利亚人民也有权知道事情的前因后果。且不谈澳大利亚政党体系之严，澳方政府在此时当然没有理由对英国的战事指挥充满信心，因为在沙漠侧翼被攻陷时，以及在希腊战役中，澳大利亚的军队都冒了巨大的危险，这让政府倍感焦虑。我们永不会忘记澳大利亚人的崇高精神，他们派遣仅有的三个完整的师在中东作战，这些将士都是英雄，我们也不会忘记他们在历次战役中的英勇表现。

第四章

# FOUR

我与罗斯福聚首

我国领导层的战略分歧——我国国内的军事实力与现状——美国担心德国入侵英国，并质疑英国能否守住中东——英国团结一致——达夫·库珀先生带着使命奔赴远东——日本的压力——我计划与罗斯福总统在纽芬兰会晤——霍普金斯带着使命奔赴苏联——一次愉悦的旅程——"威尔士亲王"号抵达会晤地点——与总统聚首

关于德国入侵英国的问题，我们已在前文有所讨论，然而，1941年5月，帝国总参谋长约翰·迪尔爵士以其强大的权威再次提出了这一问题。5月6日，他向我递交了以下重要文件，并将文件副本送交海空军同僚及伊斯梅将军。如果依从这项建议，那就意味着我们将完全回归到防御阶段。除非重新征兵，否则我们无法向中东和远东继续增援，而且我们将没有任何可以用来主动进攻的部队。事实的确如此，若中东装甲部队每月需五十辆坦克才能勉强支撑下去，那么，奥金莱克将军将不但无法进攻，反而会被敌军压制。

## 中东与英国安全的关系

1. 虽然敌军进攻英国可能性变小，但是，一旦德国从巴尔干战场撤军，德国陆军和空军便可在六到八周内集中火力进攻英国。随着美国增加援助，敌军必定密切关注我们，寻找发动战争的最佳时机以赢得胜利。

2. 德军在巴尔干和利比亚这两处截然不同的地形取胜，再次证明了装甲部队结合空军力量的无穷威力。整个战役中，这种结合方式几乎战无不胜。防守方面，由于无法预测敌军

的进攻地点，所以防守兵力相对分散；而且，防守能否成功，主要还依赖是否拥有大量的反坦克武器以及飞机储备。

3. 经详尽调查后，三军参谋长估算，敌军装甲部队会调集六个装甲师进攻我国，总计约有两千四百辆坦克。我同意本土部队总司令的意见，即我们需要六个装甲师和四个陆军坦克旅（约两千六百辆坦克）来保卫本土安全。其中，东部和东南部各需两个装甲师和两个陆军坦克旅以防敌人从东英吉利、肯特郡及苏塞克斯郡侵入。另两个装甲师作为后备，其中一个师留给北部作后备。

......

随后，他陈述了截至1941年6月我军装甲部队编制状况：可用于国内防御的坦克数量为一千二百五十辆，包括一百五十辆轻型坦克和四百九十辆教练用坦克等，在这些坦克中，约三百六十辆坦克可在接到通知后的三周内投入战斗。他详细论述了对装甲部队进行特别训练的必要，并继续说道：

6. 步兵部队守卫的海岸线绵长且薄弱，一个师的防线长达四十五英里，因而不可能向纵深发展。我们的海滩防御较好，但我们的师拥有的反坦克炮不到规定数量的一半，且缺乏反坦克地雷。所以，如果德国装甲部队搭乘特制登陆舰，便一定能登陆。皇家空军任务繁多，我们也没有专门培训一些空军部队与陆军配合进行轰炸，故德国空军定会不顾一切风险争取进军道路上的空中优势。所以，我们的陆地防御主要依靠装甲部队进行强大迅速的反攻。然而，考虑到训练因素，我估计截至6月份，我军装甲部队的实力将会相当于三个满编的装甲师，以此对抗敌人的六个装甲师。

7. 有些人认为，德国没有制海权，我国空军能在其远征军启航之前将其歼灭，或能在空中扫荡敌人掩护登陆的空军；

而且敌军进行如此大规模的登陆在技术上行不通，但仅凭这些就认为敌军装甲部队不太可能会进行猛攻，这是十分危险的。我们要在周围海域召集足够的海军力量需花费五至七日；我们的轰炸机无法有效阻击六个以上港口的入侵，且阻击时天气状况要好；我们不能仅凭空军阻止敌军登陆，正如同敌军未能靠空军阻止我军在敦刻尔克撤退一般。如果敌军已准备好不计损失地背水一战，我军的战斗机便很难完全抵挡敌军的轰炸机，而且敌军还计划消灭我军基地的战斗机。至于登陆的技术困难，德军曾用实际证明了他们强大的筹备规划能力和制造特殊装备的技术；而且他们有足够时间做妥善安排。此外，敌人的供给负担并不像预想的那样繁重；装甲部队在短期内需要的食物和汽油不多，且敌军能从当地攫取物资。

8. 我们低估了敌军在挪威和比利时的作战能力。而且，最近利比亚和巴尔干事件再次教育我们，德国人拥有无坚不摧的能力。

9. 在我看来，失去埃及不至于成为灾难，除非经过相当激烈的厮杀，否则我们不会称之为灾难。埃及失守并不意味着战争结束。但是，敌军成功入侵英国就足以导致战争结束。因此，英国才是最重要的，而非埃及；所以保卫英国必须是重中之重。在重要性上，埃及连第二都排不上，因为我们共同的策略是新加坡的安全高于埃及。然而，新加坡的防御能力尚不达标。

10. 当然，凡是战争必有风险，但风险应适度。我们不能本末倒置，忽略重要地区的安全。如果必要，我们须在尚未失去时机前尽早减少非重要地区的不必要风险。

11. 我认为，我们的资源消耗已达极限，大不列颠的安危与爱尔兰、大西洋各岛的防御紧密相连。在我看来，接下来的三个月，我们不能冒险从本土派遣坦克，不能再增加

（已经在中东或正前往）中东坦克的后备数量。即使如此，按每月百分之十的消耗量计算，我们每月仍需派遣约五十辆坦克。

1941 年 5 月 6 日

收到这份文件时我大为吃惊，一周后，我回复如下：

首相致帝国总参谋长：

1. 您在 5 月 6 日来信中提出的多处观点我都表示赞同，但仍有一些言论我不能同意。我完全同意您在第八段提到的，我方军事专家低估了德军在挪威、比利时和利比亚的作战能力。其中，比利时的例子最为显著。然而，我从未听到任何一个英国士兵指责马奇诺防线具有薄弱之处或反对我们占领比利时。我提及这一点仅为说明即使是最权威、最专业的军事专家也会在波谲云诡的战争中犯错。

2. 在我看来，您宁愿失去埃及和尼罗河流域，宁愿我们在那里的近五十万大军投降或被歼灭，也不愿失掉新加坡。我不敢苟同您的这一观点，且我并不认为我们会失去新加坡。保卫新加坡所需的军队，只占保卫尼罗河流域所需部队的一小部分。我已向您阐述我们的政治论据，保卫新加坡的军事部署就是基于此论据：如果日本加入战争，美国完全有可能与我们结成同盟；且日本无论如何也不敢一开始就包围新加坡，因为比起在东方贸易航线部署巡洋舰与战列巡洋舰，包围新加坡对日本来说更加危险，但对我方威胁却不大。

当然，此时日本还未在印度支那站稳脚跟。

3. 我不认为德国在巴尔干各国的行动可被称作"无坚不摧"之典范。从历史角度来看，我的想法刚好相反。当时，趁南斯拉夫还未动员军队，德国军队轻而易举地集结了大批军队发动进攻；而希腊则被意大利军消耗殆尽。于是，我们只能用敌军五分之一的装甲车辆，在没有空军掩护的情况下独自作战，对抗敌方的压倒性猛攻。虽然德国不费吹灰之力便拥有诸多优势，但它还是无法阻止我军脱身并登船，这着实长我方之士气。

4. 您在第十段所提观点乃至理名言，但要视具体情况而定。不过，我希望最后一句话不是暗指我军在埃及的现状。

1941 年 5 月 13 日

我曾见过许多政府在最高权威的论断面前绝望畏缩，但我却可以轻易说服我的政治同僚并得到海军和空军首长的支持。因此，我的观点占据上风，并将继续对中东地区进行增援。有关敌军进攻英国的问题，我认为没必要再进行反驳。约翰·迪尔先生本人肯定也意识到他与舆论走向相悖，所以他在提出警告以后便未再提及此事。

然而，两个月之后，这个问题再次被提及。7 月中旬，哈里·霍普金斯先生第二次由总统派遣抵达英格兰。他向我提出以下议题：第一，是希特勒入侵苏联后的新局势，以及该局势对《租借法案》的影响（我们依据《租借法案》从美国获得物资）。第二，一位美国将军在进行充分视察之后，在报告中质疑英国是否有能力抵挡入侵，导致美国总统十分焦虑。第三，总统因此愈发担心保卫埃及和中东是否是明智之举，我们会不会付出努力后却一无所获。最后，讨论了罗斯福总统与我不久之后在某地会晤的事宜。

霍普金斯此行并非独自一人。有多位美国陆军和海军的高级将领驻在伦敦，表面上是处理《租借法案》的相关事宜，但实际上，尤其是戈姆利海军上将，他与我们的海军部共事，共同研究大西洋问题和美国在这一问题上的义务。7 与 24 日，我在唐宁街 10 号会见了霍普金斯一行人和三军参谋长。随同霍普金斯出席的，除戈姆利海军上将外，还有被称为"特别观察员"的钱尼陆军少将、美国大使馆李陆军准将。艾夫里尔·哈里曼也参与了会面，他刚结束埃及之行回来，在埃及期间，哈里曼获准参观了我们所有的军事设备。

霍普金斯说，"美国身居要职者和决策者"都认为，中东地区对于英帝国来说是无法防守之地，且为了防卫中东，英帝国已付出巨大代价。在他们看来，大西洋战役才是大决战，所以应集中一切力量于此。他还说，总统倾向于支持中东战役，因为他认为哪里有敌人就应在哪里作战。随后，钱尼少将把大英帝国所面临的四个问题按照轻重缓急排了序：首先是英国和大西洋航线的防御，其次是新加坡及通往澳大利亚和新西兰航线的防御，然后是一般海洋航线的防御，最后是中东防御。虽然这四个问题都很重要，但他还是将其作了上述排列。李准将赞同钱尼少将的观点，而戈姆利上将担心，如果将美国大批军火运往中东，中东运输线是否安全；这会不会削弱大西洋的作战力量。

随后，我请三军参谋长发表各自的观点。第一海务大臣认为，相比去年，我们更有信心摧毁敌人的进攻，并做出了解释。空军参谋长指出，我国皇家空军力量与德国空军相比，比去年9月时壮大许多，且我们可以对敌人的入侵做有力打击。帝国总参谋长也信心十足地说道，英国陆军力量比去年9月大大增强。我接着解释，经过克里特岛的教训之后，我们已对飞机场采取了特殊防御措施。我邀请我们的客人参观任何他们感兴趣的机场。"敌人可能使用毒气，但这对他们并无好处，因为我们会立即还击，且集中袭击他们在沿岸建立的一切据点，还可能将毒气战扩散到敌人本土。"随后，我问迪尔先生对中东有何见解。他没有说任何违背5月文件原则的话，并有力地阐述了为什么我们需要留在中东。

讨论结束之时，我感觉经过我们的陈述，美国友人已经信服并被我们之间的团结打动。

然而，如果日本对我国开战，我们在远东作战的信心没有本土作战这么充足。这一问题同样困扰着约翰·迪尔先生。我还记得，他一直认为新加坡比开罗重要。这确实是个两难的抉择，就如同让你选择

杀死儿子还是杀死女儿一样。在我看来，马来亚①发生任何不测所带来的损失都不及失去埃及、苏伊士运河和中东的五分之一。我宁愿敌军拿马来亚威胁我们，也不想放弃埃及。我的同僚也认同我这一观点。

我认为需要再次向远东调派国务大臣，因为国务大臣与战时内阁联系密切，既能够减轻总司令和当地总督的部分负担，也帮助他们解决累积起来的政治问题。时任新闻大臣的达夫·库珀先生是我的朋友兼同事，他身居中枢，了解全局；他性格坚毅，这使他在1938年《慕尼黑协定》后便辞去海军上将职位；他能言善辩，下笔成章；他曾于1914—1918年战争期间担任近卫兵第一团军官；这一切都使他成为最佳人选。7月21日，他被任命为兰开斯特公爵郡大臣，由布伦丹·布雷肯先生接任新闻大臣一职。8月初，在其妻子黛安娜女士的陪同下，他经由美国前往远东。直到10月底，他才回到新加坡并呈交报告。

\*　　\*　　\*

几个月以来，英美两国政府一致密切协调处理日本问题。7月底，日本完成了对印度支那的军事占领。在这次赤裸裸的侵略之后，日本准备袭击马来亚的英国人、菲律宾的美国人和东印度的荷兰人。7月24日，美国总统罗斯福要求日本政府，若想解决问题，必须使印度支那中立化且日本必须撤军。为了施压，美国还颁布行政命令冻结日本在美的所有资产，使得日本贸易停滞。同时，英国政府也采取了行动；两天后，荷兰政府紧随其后，也采取行动。荷兰政府的行动意味着日本失去了重要的石油供应来源。

\*　　\*　　\*

7月下旬的一个午后，哈里·霍普金斯来到唐宁街花园，我们同

---

① 马来西亚西部土地的旧称，曾属于英国殖民地之一。——译者注

坐在阳光下。坐下不久，他便说总统非常希望与我会面，地点就选在较为偏僻的港湾。我立即答道，我确信内阁一定会允许我请假与总统会晤。所以，很快就安排好了一切。会晤地点选在纽芬兰的普拉森夏湾，日期定为8月9日，我们最新的战列舰"威尔士亲王"号也随时待命准备出发。我热切希望与罗斯福先生会面，因为我与他通信近两年了，彼此的关系越来越亲密。况且，我们俩的会晤将证明，英美两国将更加团结，这会使敌人忧心忡忡，使日本不敢轻举妄动，同时令我们的盟友欢欣鼓舞。我们之间还有很多亟待解决的问题：美国介入大西洋问题、援助苏联问题、本国供应问题，最重要的是日本的威胁日渐增强。

前海军人员致罗斯福总统：

内阁已批准我请假离开。若您方便的话，我将于8月4日启程，并于8日、9日、10日同您会面。实际秘密会晤地点待定，详情将由海军上尉告知。随同我出访的还有第一海务大臣庞德海军上将、帝国总参谋长迪尔先生和空军副参谋长弗里曼。我十分期待我们的会谈，这一定会有益于未来的发展。

1941年7月25日

随我出行的还有外交部的亚历山大·卡多根爵士、国防部的彻韦尔勋爵、霍利斯上校与雅各布上校，以及我的个人幕僚。此外，还有许多技术、行政人员以及计划部门的高官也一起随同前往。总统说，他将携美国三军首长和国务院的萨姆纳·韦尔斯与会。由于北大西洋有不少德国潜艇，因此会议必须完全保密。为了确保机密，总统表面上是作休假巡航，中途换乘"奥古斯塔"号巡洋舰，并把游艇留在后方以掩人耳目。与此同时，哈里·霍普金斯虽身体抱恙，但他仍接受总统指令飞往莫斯科，目的是直接从斯大林处了解苏联的局势和需求。此次航行取道挪威、瑞典和芬兰，漫长且艰险。霍普金斯将在斯卡帕

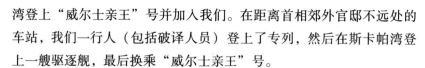

湾登上"威尔士亲王"号并加入我们。在距离首相郊外官邸不远处的车站，我们一行人（包括破译人员）登上了专列，然后在斯卡帕湾登上一艘驱逐舰，最后换乘"威尔士亲王"号。

8月4日黄昏时分，"威尔士亲王"号与护送它的驱逐舰一同驶入浩瀚的大西洋。我发现，哈里·霍普金斯在经过漫长的旅程和艰难的莫斯科会议后十分疲惫。事实上，两天前，他在抵达斯卡帕湾时就已经筋疲力尽，庞德上将让他上床睡觉好好休息。不过，航行期间，他兴致如常，又慢慢恢复了精力，并告诉我他在莫斯科的全部使命。

前海军人员致罗斯福总统：

　　哈里刚从苏联归来时筋疲力尽，但现在又生龙活虎了。我们会让他在途中好生休息一番，现刚刚启程。二十七年前的今日，德国人发动了第一次世界大战；二十七年后的今天，我们必须好好表现了。世界大战发生两次足矣。期待我们的会晤。祝好。

1941 年 8 月 4 日至 5 日

螺旋桨上方的房间十分宽敞，船舶靠港时最为舒适，但是一旦遭遇海上恶劣天气便强烈震荡，不宜居住。所以，我搬到舰桥上舰队司令的房间工作和休息。我非常喜欢我们的利奇舰长，他长相俊朗、惹人喜爱，具有一切英国水手应具的品质。唉！可惜四个月不到，他和他的同事便连同舰船沉入了大海。翌日，海浪很大，我们要么放缓速度，要么舍弃护航舰先行一步。第一海务大臣庞德上将决定撤下护航舰，随即，我们独自加速前进。侦察人员报告发现了几艘德国潜艇，所以我们不得不改道迂回前行以避开敌军。另外，舰上严禁发送无线电波。我们能够收到电报，但只能偶尔回复。因此，我的日程变得轻松起来，自开战以来，第一次享受到了闲暇时光。几个月以来，我终于有时间读书消遣一下了。驻开罗国务大臣奥利弗·利特尔顿曾送我一本《皇家海军霍恩布洛尔上校》，我发现这本书颇有趣味。有一次，

我在给他的电文里写道，"我发现霍恩布洛尔那本书极好"，结果引起了中东指挥部的骚动，因为他们以为"霍恩布洛尔"是某个他们不知晓的特殊行动代码。

海面波澜起伏，后甲板无法使用。于是，我每日走过各个舱室几次，并在通向舰桥的各个楼梯上下走动，以做运动。船上有一个不错的电影院，每到晚间，就为我们一行人和不值勤的官兵放映最新、最好的电影。卡多根在其日记中写道："晚饭过后，观赏了电影《汉密尔顿夫人》，这是一部非常优秀的电影。首相已看了五遍，但仍旧感动不已。结束时，他对我们说：'诸位，这部电影会让你们感同身受，相信你们一定会喜欢。'"这次航行真可谓是一个惬意的插曲。

*　　*　　*

躺在狭小但舒适的舰桥船舱休息时，我根据自己早期研究春季战事的资料，开始思索未来沙漠地区的作战计划，并拟定出了一份致三军参谋长的备忘录，其中第一句话让我颇感得意："战场上，谁率先恢复大炮的实力（大炮已被重型装甲坦克摧毁），谁便能获得盛誉。"

在我出访期间，担任副首相的艾德礼先生十分担心我的安危，他害怕万一走漏一点风声，敌人的"提尔皮茨"号军舰就会追捕"威尔士亲王"号。

首相致掌玺大臣：

　　我认为走漏风声并不会造成多大影响。如果（下议院）有人直接问起，就要求提问者不要再提此类问题；但如果提问者坚持要问，您可回答"本人不负责回复此类谣言"。我想，"提尔皮茨"号恐怕不会如此"走运"。无疑，罗斯福总统将会确保我们回程的海上安全。如今，我们已得到新式驱逐舰护卫队的保护。

1941 年 8 月 6 日

\*　　\*　　\*

启程之前，我认为最好让比弗布鲁克勋爵处理好美国对苏联的供应问题，因为我担心我们会失去盼望已久的急需物资。因此，我做出以下指示：

首相致爱德华·布里奇斯爵士、伊斯梅将军和机要室：

10 日或 10 日前后，可能会有一架搭载比弗布鲁克勋爵的飞机飞往美国。该飞机除了携带信件和紧急公文外，还要携带外交部各类最重要的电文，这些文件已经经过破译。我们要派干练的工作人员对文件进行整理，这些文件必须被装入重箱之内，以便飞机失事时确保箱子沉入海底。

请务必准备就绪。

1941 年 8 月 3 日

在海上时，我发出以下电文：

首相致比弗布鲁克勋爵：

如果您愿意前来，我们将热烈欢迎。请安排在 11 日下午或 12 日上午抵达，但请切勿冒险。或许您可以在美国多逗留些时日。

1941 年 8 月 7 日

\*　　\*　　\*

8 月 9 日（星期六）上午 9 时，我们抵达了纽芬兰普拉森夏湾的会晤地点。

首相呈国王陛下：

　　卑职已安全抵达目的地，并将于今日上午会见美国总统。

　　　　　　　　　　　　　　　　　　　　　　1941 年 8 月 9 日

　　海军互致例行敬礼之后，我登上"奥古斯塔"号会见了罗斯福总统，总统先生以最高礼仪接待了我。国歌奏响时，总统在其子艾略特搀扶下站了起来，然后热情欢迎我。我把国王的信件交予他，并介绍了随行人员。随后，总统和我、萨姆纳·韦尔斯和亚历山大·卡多根爵士、双方参谋人员之间分别展开会谈。我们访问期间，有时举行个人之间的会议，有时举行大型会议。

　　8 月 10 日，星期日上午，罗斯福总统登上"威尔士亲王"号军舰，随行的还有他的同僚及几百名美国海军和海军陆战队各级官兵。我们在后甲板上举行了礼拜仪式。对所有人来说，此次仪式让大家感受到两国的团结，那盛大的场面让人难以忘却：那天早晨，阳光明媚，甲板上众人云集，讲坛上悬挂着英国国旗和美国国旗，英美两国牧师共同诵读祷文，海陆空军官兵站在我和总统身后，士兵们紧密地聚集在一起，他们合用一本圣经，热忱地祈祷和唱诗。

　　我自己甄选了两首赞美诗——《献给海上遇险的人们》和《信徒精兵歌》。结尾时，我们吟唱了《千古保障歌》，麦考利的这首诗不禁让我们想起，这是铁骑军把约翰·汉普登的遗体送入坟墓时所吟唱的诗，字字扣人心弦。能活着见到这一刻真是太好了，因为在不久的将来，唱诗人群中近一半人将与余下的人阴阳两隔。

第五章

# FIVE

《大西洋宪章》

关于对日本政策的协议——《大西洋宪章》定稿——关于美国供应物资的备忘录——帕维斯先生飞机失事遇难——致澳大利亚总理的电报——冰岛之行

初期会晤时，罗斯福总统便告诉我，他希望我们能够起草一份共同宣言以制定一些共同的原则，从而为我们的政策指明方向。我认为这个建议大有裨益，于是第二天，即 8 月 10 日，我起草了一份宣言大纲。原文如下：

### 英美两国关于原则的联合宣言

美利坚合众国总统和代表英王陛下政府的首相丘吉尔先生进行了会晤，共商策略应对纳粹德国的侵略，确保两国安全，解除世界各国人民的危难。因此，双方一致认为应当公布一些共同原则，指引未来的政策，为世界的美好未来打下基础。

第一，两国不寻求领土或其他方面的扩张。

第二，两国反对任何与人民自由意志相悖的领土变更。

第三，两国尊重各国人民根据自己的意志选择其政府形式。两国只会捍卫言论自由和思想自由的权利，因为无此权利，一切皆为空谈。

第四，两国力求实现基础产品的公平分配，其范围不仅限于各自国内，还将扩展至世界上其他国家。

第五，两国寻求和平。这种和平不仅是要彻底消灭纳粹

暴政，还要通过有效的国际组织确保所有国家和人民能在自己领土内安居乐业，在海上航行时无须惧怕非法袭击，也不必维持沉重的军备负担。

谣传称，我所持的是保守陈旧的"旧世界"观点，据说这让总统颇为头疼。所以，我很高兴这次能够由我执笔起草《大西洋宪章》，以证我的清白。

8月11日注定工作繁忙。

首相致海军部：

　　接下来的二十四小时内，应全力解码所发出的电报。

1941年8月11日

晨间会晤时，总统给出了一份修改稿，这成了我们讨论的基础。与我的初稿最大的不同之处在于第四点（关于取得原料的问题），总统希望加上这样一行字，"不得歧视且在平等条件之下"。另外，总统还增加了两段：

　　第六，两国寻求公共海洋上的和平。

　　第七，两国认为，世界各国都应放弃使用武力。因为如果某些国家扬言会或可能会在本国以外继续使用海陆空武力，那么未来就无和平可言。因此，两国认为这类国家必须解除武装。两国将进一步采取其他可行措施，减轻爱好和平国家的军备负担。

我们讨论这项文件之前，总统对他的想法做出了解释。他认为华盛顿和伦敦应（可能于8月14日）同时发表简短的声明，大意为：总统和首相在海上举行了会谈；他们分别携各自官员与会；与会官员讨论的事宜包括按照《租借法案》援助各民主国家；海军和陆军方面的

会谈没有做出除美国国会授权之外的任何承诺。声明还将谈到，首相和总统就世界文明制定了一些原则，并达成了一项声明。我认为不应当在声明中强调"不作出任何承诺"这一条款，因为这会让德国有机可乘，还会使中立国和战败国沮丧气馁。我们也不喜欢这一条款。因此，我十分希望总统能够将声明内容局限在援助民主国家这一积极意义上，尤其是他提及《租借法案》，这一点已使得总统能够站稳脚跟了。总统接受了这一建议。

随后，我们就宣言的修改稿进行了详尽讨论。在一些小问题上，我们很容易就达成了共识，主要的问题在于第四点和第七点，尤其是第四点。我指出"不得歧视"这几个字可能会与《渥太华协定》产生冲突，所以我无权决定，一定要交由国内政府做出决定。而且，如果真的要加上这几个字，就一定要跟各自治领的政府商量。我认为政府不大可能接受这一点。萨姆纳·韦尔斯先生指出，这一点是问题的核心，体现了美国国务院九年来努力的方向。我指出，英国为了坚持自由贸易，在日益增长的美国关税面前挣扎了八十年，我们以前允许我们的殖民地自由进口外国商品，甚至连大不列颠沿海的交通也对世界开放，但我们得到的回报却是美国日益加重的贸易保护壁垒。韦尔斯先生听到这话后似乎有点吃惊。然后我说道，如果能够在文本中插入"在适当顾及两国已有义务"这句话，删除"不得歧视"这句话，用"贸易"一词替代"市场"一词，再由我将文本呈予国王陛下政府，这样他们很可能会接受。显然，总统对于我的让步十分感动，于是他不再要求强加这一点。

至于第七点，我指出，如果我接受了这一文本，英格兰国内人民一定会大失所望，因为宣言中未表明要在战后建立一个维持和平的国际组织。我承诺会进行适当的修正，并于当日晚些时候建议总统在该文件的第二句话后面加上一句"在建立一个更加广泛、永久的普遍安全制度之前"。

＊　　＊　　＊

　　海军部和陆军部领导也连续不断地举行会议，并达成了广泛共识。我向总统列举了德国入侵伊比利亚半岛的危险，并解释了占领加那利群岛的计划（称作"朝圣者"行动，该计划主要是抵御外敌入侵）。随后，我将此次讨论的概要发送给艾登先生。

首相致外交部：

　　1. 美国总统收到了萨拉查博士的信。他在信中表明，万一德国入侵葡萄牙，他希望亚速尔群岛能够作为其军队和政府的撤退点；万一他被迫滞留亚速尔群岛，他希望葡英两国长久的联盟关系能使他获得英国的保护。

　　2. 但是，如果英国自身事务缠身，无暇顾及他人，还请英国政府提前告知，他将寻求美国的帮助，他相信美国总统会乐意接受这项请求。以上内容同样适用于佛得角群岛。

　　3. 我已告诉总统我们的"朝圣者"计划，我们必须在德国进犯伊比利亚半岛之前实施该计划，一旦计划实施，我们将会非常忙碌。我指出，"朝圣者"计划很可能（即使不是绝对）会在半岛引发危机，故我询问总统我们的计划是否会影响他接受第一条款。他回答道，由于"朝圣者"计划不会影响到葡萄牙，自然也就不会影响他的行动。

　　4. 如果葡萄牙岛屿濒临危险，总统便有理由采取行动。我们一致认为，如果实施"朝圣者"计划，葡萄牙岛屿必会遇到危险，因为德国更需要在那些地方先发制人。

　　5. 即使在此情形之下，总统还是愿意帮助葡属大西洋岛屿，并为此保留一支强大的军队。

1941 年 8 月 11 日

我将上文给总统看过，他认为我所陈述皆为事实。

\* \* \*

同日，我们谈到了远东问题。7月26日对日本实施经济制裁，致使东京大动荡。我们都没有预料到此次制裁威力如此之大，近卫公爵立即寻求恢复外交谈判。8月6日，日本驻华盛顿特使野村海军大将向国务院递交了一份总体解决提议。提议称，日本将不会进一步进犯东南亚，并在解决"中国事件"（日本用"中国事件"来称呼持续六年的侵华战争）后撤出印度支那。作为交换条件，美国要恢复对日本的贸易关系，帮助日本从西南太平洋获取其所需的原料。很明显，这项提议措辞圆滑，日本根据提议既能获得现在所需的一切，又不用为将来承担任何义务。毫无疑问，这是近卫从其内阁所得出的上策。然而，我们没有必要在"奥古斯塔"号的会议上争论这些过于宽泛的问题。我在给艾登先生的电报中详细描述了此事：

首相致外交大臣：

日本现在的处境如下：

1. 早些时候，总统提议日本根据美、日、英、中及其他国家的联合保证让印度支那和暹罗中立化。日本回复（待手头问题处理完后立即发送全文给你）同意不再进攻暹罗，并撤出印度支那地区，但同时也附加了诸多令人无法接受的条件。例如，撤军行动要在"中国事件"解决之后进行，这意味着要在日本绞死蒋介石之后；还要求承认日本在这些地区的优势地位；提出要美国停止在这些地区的军事准备，且对其取消经济制裁。

2. 总统的想法是，通过协商这些无理条件来为我方争取三十天左右的时间，这样我们就可以改善新加坡的局势，使日本只能按兵不动。但总统也会提出条件：谈判期间日本不能继续进攻，也不能将印度支那地区作为基地进攻中国。同时，他将完全保留对日本的经济制裁手段。这些谈判虽无胜算，但总统认为获得一个月的拖延时间才是最重要的。当然，我指出日本可能会背信弃义，会进攻中国或切断缅甸的交通运输。但是，你可以这样来看这个问题：他们认为协商这些问题是正确之举，且鉴于美国和日本过去的情况，也应当接受这一事实。

3. 谈判过程中，总统可能会重申暹罗和印度支那中立化的提议。

4. 总统的海上航程为期一周，届时，他将递交一份官方信函给日本大使，信函结尾处将会附上我起草的文字："如果日本侵犯西南太平洋，美国政府将被迫采取对抗措施，即使这会引发美日两国战争。"他还写道，苏联是美国的友好国家，美国同样关心西北太平洋所发生的任何冲突。

5. 我认为这是极好的，我们应当积极响应总统的提议，并力图让荷兰也参与进来，因为日本要么拒绝总统提出的条件（即继续经济制裁，日本不采取行动，不进犯暹罗），要么继续采取军事行动但却在外交上对美国假情假意。

在这种情况下，方才（在第四点中）提出的条件将会大大发挥作用，且类似的宣言也会收到效果。我们应当告知苏联政府。但若将我们的行动告诉中国政府，可能会引起危险，但我们可以保证，所做的一切都考虑到中国的安危。

6. 鉴于以上原因，我认为我们应同意总统提出的行动计划，也应将此事告知各自治领政府，让他们知道我们在联合制止日本侵略上迈出了一大步。

1941 年 8 月 11 日

\*　　\*　　\*

我把会谈讨论的所有重点整合在一起发给了艾德礼先生。

首相致掌玺大臣：

我们已就海军第四点计划（美国海军将接管美洲—冰岛间的大西洋海域）取得了满意的解决方案。

第一，总统准备采取有效行动或相应的行动以配合"朝圣者"计划。

第二，他打算用拖延时间的办法（可能为一个月）跟日本谈判，在此期间，日本不能在印度支那地区采取任何行动，也不能进攻暹罗。总统同意在照会结束时引用我所起草的话对日本进行严肃警告。

第三，总统希望在14日或15日对外宣布我们会面的消息，同时发表联合宣言，该宣言由总统和代表英王陛下政府的我共同签署，宣言内容为一些普遍原则以便鼓舞英美两国。我在此附上他修改的宣言稿，您可以从中看出起草一份联合宣言并非易事。第四项条款显然有待修改，以保证我们履行《渥太华协定》所承担的责任，且不损害"帝国特惠制"。该项条款可到战后再予修改，待经济问题全面解决、世界的贸易壁垒和关税都大大降低之后。我们现在还无法解决问题。为了迅速取得统一意见，我相信总统会接受我们的修改意见。

第七项具有显著的现实意义。总统无疑想解除有罪之国的武装，并无限期维持英美两国强大的海空联合武装。

鉴于我们对国际联盟和其他国际组织的看法，我建议在"必须"一词后作如下修改："在建立一个更加广泛、永久的普遍安全制度之前。"

总统可能会不喜欢我的修改，但他很重视联合宣言，他

相信这会影响美国的舆论走向，因此我认为他会同意我的
修改。

如果我们现在提出一些不必要的异议，这将是轻率之举。
我们必须将这个宣言作为战时的过渡性宣言，旨在保证所有
国家知晓我们的正义目的，但它并不是我们取得胜利之后建
立的完整框架。

请您召集全体内阁成员和其他重要人物于今晚开会讨论，
并请尽快让我知晓你们的看法。另外，其他事项的详细记录
和卡多根的会谈报告，我将马上发给您。我担心，如果未能
发表联合宣言，总统将非常苦恼，这会影响到我们的重大
利益。

我原计划 12 日下午返回，但现在我们双方都将返程时间
推迟了二十四小时。

1941 年 8 月 11 日

直到下午两点，我才口述完这些电报，又必须在接下来的十二小
时内获得战时内阁全体成员同意的有效回复。后来获悉，我的电报要
午夜过后才能发到伦敦，而那时许多大臣已经就寝。然而，战时内阁
在凌晨一时四十五分就召开了会议，全员出席，包括当时正在英国的
新西兰总理彼得·弗雷泽先生。经过充分讨论，他们于凌晨四点后发
给我一封电报，表示他们接受这项提议，并就第四点（在世界贸易中
不得歧视）提出另一种版本，还插入了一项社会安全问题。同时，我
听说总统接受了我于 8 月 11 日提出的所有修改意见。

\*　　　\*　　　\*

8 月 12 日中午，我去会见总统以讨论宣言的最终版本。我将内阁
修改后的第四点递交给总统，但他仍旧坚持原先商量好的版本，我也
没有再提出异议。他也欣然接受了内阁提出的有关社会安全的提议。

我们修改了一些措辞，宣言最终成形。

## 罗斯福、丘吉尔联合宣言

美利坚合众国总统和代表英王陛下政府的首相丘吉尔先生进行了会晤，双方认为应当公布有关两国国策的共同原则，为世界的美好未来打下基础。

第一，两国不寻求领土或其他方面的扩张。

第二，两国反对任何与人民自由表达的意志相悖的领土变更。

第三，两国尊重各国人民根据自己的意志选择其政府形式，希望所有被强制剥夺了主权和自治权的国家都能重获自己的权利。

第四，两国在顾及各国现有义务的条件下，力图使一切国家，无论大国小国、战胜国或战败国，都在平等条件下进行贸易和获得原材料，这是经济发展所必需的。

第五，两国希望所有国家能够在经济领域进行全面合作，使所有国家改善劳动标准、加快经济发展、加强社会安全。

第六，两国希望彻底打败纳粹暴政之后，能建立起这样一种和平，使各个民族能够在自己的疆域内安居乐业，世界各地的居民都可以无忧无虑地生活。

第七，在此和平之下，所有人都能够毫无阻碍地横跨海洋。

第八，两国认为，无论是基于现实还是基于理想，所有国家都必须放弃使用武力。如果某些国家扬言会或可能会在本国以外使用海陆空武力，那么未来就无和平可言。两国认为在建立一个更加广泛、永久的普遍安全体系之前，必须解除这类国家的武装。两国也将提供和支持其他可行措施，减轻爱好和平国家的军备负担。

1941 年 8 月 12 日

我在此之后才收到内阁于 8 月 12 日二次会议结果的电报。内阁在电报中表明对第四点略有疑虑，但我认为定稿中的"两国在顾及各国现有义务的条件下"统领着全段，足以保护我们的立场。

　　显然，这份联合宣言具有深远的影响和重要的意义。美国这样一个名义上中立的国家竟然与交战国一起发表联合宣言，这着实令人震惊。宣言中包含了"彻底打败纳粹暴政"（基于我的原稿）的字样，这相当于一次挑战，通常情况下这就意味着战争。最后，不容忽视的是宣言中最后一点的现实意义，这一点直截了当地表明，战争结束后，美国将同我们一起维持世界的和平，直到建立起良好的秩序。

＊　　　＊　　　＊

　　总统和我也联名致电斯大林：

　　　　哈里·霍普金斯先生从莫斯科回来之后向我们提交了一份报告，我们趁着研究报告时共同商量，苏联在英勇抵抗纳粹时，英美两国能为你们做点什么。目前，我们正通力合作，尽量为你们提供急需物资。许多货船现已经离岸出发，之后不久还将有一批货船出发。

　　　　我们现在必须转而考虑更加长远的政策，因为获得全胜之前，我们还有一段很漫长、很艰难的路要走。如果战败，我们的一切努力都将前功尽弃。

　　　　战火蔓延到了许多地区，可能战争彻底结束前，还会有更多地区卷入。虽然我们的资源雄厚，但仍旧有限。何时何地使用这些资源才能发挥最大作用，这是个难题。这同样也适用于军用产品和原料。

　　　　我们必须在综合考虑许多因素之后，才能决定你我两方武装部队的需求。为了快速对共同资源做出分配，我们建议在莫斯科召开会议，我们会派高级代表出席，与你们直接商

议这个问题。如果您同意举行会议，我们想告诉您，我们会在会议做出决定之前继续尽快运送补给和原料。

我们十分清楚，苏联的英勇抗战对击败希特勒是多么的重要。所以，无论如何，我们必须尽快制定未来资源的分配计划。

1941 年 8 月 12 日

\* \* \*

比弗布鲁克勋爵一直都很期待我的邀请，我在海上时便给他发去了邀请。同时，我也需要帕维斯先生，他当初无论如何都要返回华盛顿。帕维斯在很多方面都能够代表加拿大，所以我认为，他和比弗布鲁克两人的到来能够帮助我们解决英国和苏联资源的分配难题，完成这项急需解决的工作。我还希望比弗布鲁克能够扩大美国的生产规模。在等待他们到来期间，我草拟了一份备忘录。比弗布鲁克和帕维斯前后相隔几小时搭乘不同的飞机从普雷斯特维克出发，所乘飞机完全是随机选择的。比弗布鲁克安全抵达纽芬兰机场，后转乘长途火车，于12日早晨跟我会合。然而，帕维斯一行人却遭遇了不幸，飞机起飞几分钟后撞到了一座矮山，机上所有人员遇难。帕维斯的离去是一个沉痛的损失，他手中握有许多有关英国、美国和加拿大的线索，且一直都为我们的协调合作贡献妙计。马克斯（比弗布鲁克的别名）抵达后，我告诉了他这个惊人的消息。他沉默了一阵，没有说话。这就是战争时期啊。

\* \* \*

以下电文总结了最后一次会议的结果。

首相致掌玺大臣：

1. 请替我感谢内阁做出如此迅速的回复。我向总统呈递你们修改过的第四项条款，但是他仍旧坚持我们原来商定的措辞。我并未看出其中的差异，"顾及现有义务"的说法保护了我们与自治领的关系。我们看不出廉价劳动力竞争会带来什么阻碍，因为在没有找到更好的解决办法之前，所有国家都保留依照他们认为可行的办法来征收关税的权力。

2. 总统衷心接受了你们新加的第五款，但是你们会看到有关"匮乏"的地方，还是按照总统原来的意思安排，即第六款末尾。我们还在语句上做了一些微小的改动。

3. 我们特别强调了要对日本做出警告，这也是总统与日本沟通时的重点所在。总统承诺一定会使用强硬语气。

4. 由于苏联加入了同盟国战线，我们和美国军队也都需要大量的补充，所以当务之急是美国必须修改计划、扩大生产。总统随即请求国会通过一份五十亿美元的租借法案。他欢迎比弗布鲁克前往华盛顿，而我也认为派遣比弗布鲁克前往美国可行有效。请您也看看罗斯福和丘吉尔联名致尊敬的老约①的信。我认为美国会派哈里曼任代表，我提议让比弗布鲁克代表我们前往莫斯科或苏联政府所在的任何地方。我们不希望苏联的会议在9月下旬之前召开，因为我们希望在9月下旬知道冬季苏联前线的位置。

5. 美国即将给我们运送十五万支步枪，而我还希望增加轰炸机和坦克的数量。我希望美国能够接管所有航运工作，并由美国飞行员负责英国和西非地区的运输，因为许多美国飞行员可以留下来与我们一起进行战争训练。

6. 由于内阁回复迅速，我今日（即12日）就能够启程回国。总统会派驱逐舰跟随我们，虽然这些驱逐舰并非护航舰，但一旦出现任何问题，它们都会出面解决。小富兰克林

---

① 指斯大林。——译者注

就在其中一艘驱逐舰上服役，停留冰岛①期间，他将是我的联络官。我们将在冰岛举行英美联合阅兵。

7. 比弗布鲁克勋爵现在正与哈里曼乘飞机前往美国。

8. 我相信我的同事一定会认为我此行收获颇丰。我确信我们已经与我们伟大的朋友建立起了深厚友谊。

1941 年 8 月 12 日

启程回国之前，我收到了国王的贺信。返程途中，我回复了这封信及其他电文。

首相呈国王陛下：

非常感谢陛下的美好祝愿。掌玺大臣会把有关会晤的电报全文递交给您。我与总统建立了真挚的私人友谊，相信陛下您一定会认为我不虚此行。此次会晤已达到目的。总统写给您一封私人信件，我将在周二（即 19 日）的午餐会上转交给您。

1941 年 8 月 13 日

艾德礼先生曾代表内阁致电，我回复如下：

首相致掌玺大臣：

1. 非常感谢您的来电。我很高兴您将亲自广播宣读政府声明和联合宣言。请在政府声明和联合宣言之间留出间隙，并插入一句"现在我将宣读联合宣言文本"。我认为我不需要对此发表任何评论，因为公布宣言本身就足以成为新闻焦点。我可能在回国后的周日晚上发表广播讲话，届时美国将对我们的会谈和宣言做出明确回应。

---

① 为了避免与 Ireland（爱尔兰）混淆，我曾指示英国官员务必把 Iceland（冰岛）写成 Iceland（C）。这的确是一个防止混淆的必要措施。

我们可以适当引导媒体关注的重点，但是他们一定会看到联合宣言的重点就是消灭纳粹力量、解除侵略国家的武装、英美两国保留武装。关于联合宣言给我们的朋友和敌人带来的利弊，就留待他们去研究。

　　2. 另一秘密消息是，总统为了掩护我回国，现仍留在海上，直到周末才回去。我告诉他不需要这样做，但他坚持掩护我。

　　3. 我们最感兴趣的就是大家对这件事看法如何。

　　4. 读到您在国会闭会时所做的那篇战争陈述，我倍感欣慰。

1941 年 8 月 13 日

我致电澳大利亚总理孟席斯先生，电文如下：

首相致孟席斯先生：

　　1. 您一定已经阅读了有关大西洋会议的电报，我相信您一定赞同会议的结果。总统已答应我，使用英美双方统一的措辞对日本进行警告。一旦美国发出警告，我们便会支持美国，向日本表明：如果日本与美国对抗，那么它也将与英国和英国自治领为敌。我正同艾登商量此事，您很快也将获得通知。请您注意，总统还将警告日本不能进攻苏联，因此，斯大林可能会跟我们站在同一战线上，荷兰当然也不会置身事外。如果包括中国在内的这一联合战线形成，我确信日本将会消停一段时间。不过，最重要的还是我们要使用最强硬的语言、保持最强大的联盟。

　　2. 美国海军正有效接管美国—冰岛的这片大西洋海域，这减轻了我们的负担，相当于腾出了五十艘驱逐舰和轻巡洋舰。这些舰船不久便可投入到国内和南大西洋海域。

1941 年 8 月 15 日

返回冰岛的航程一切顺利，只是有一次我们在附近发现了德国潜艇而不得不改变航线。返程有两艘美国驱逐舰护送我们，总统的儿子小富兰克林·德拉诺·罗斯福海军少尉就在其中一艘舰上。

"威尔士亲王"号于8月16日（周六）上午抵达冰岛，并停泊在赫瓦尔斯湾，我们从这儿换乘驱逐舰前往雷克雅未克①。抵达港口时，我们受到了一大群人的热烈欢迎。无论我们到哪里，都受到人们热情的欢迎，尤其是我们返程离开的那天下午，欢呼声和掌声不绝于耳。人们告诉我们，这么热情的欢迎在雷克雅未克的大街上很少见。

我在冰岛议会大厦做了短暂停留，向摄政者和冰岛内阁致以敬意。随后，我前往参加英美两国的联合阅兵。阅兵队伍很长，三人一排，《美国海军进行曲》的旋律深深印在我的脑海里，无法忘怀。我还抽空去参观了我们正在建设的新型机场，还有神奇的温泉及利用温泉设置的温室。我随即想到，这些温泉温室可以给雷克雅未克人民供暖，尤其是战时。我很高兴见到这一计划现已施行。我和总统的儿子一同接受了军队的敬礼，阅兵让我再次感受到了英美两国的团结。

回到赫瓦尔斯湾后，我参观了"拉米伊"号，并对停泊靠岸的英美舰船上的将士们发表了讲话，其中包括了驱逐舰"赫克拉"号和"丘吉尔"号。

经过这段漫长疲倦的跋涉后，我们在暮色苍茫中启程向斯卡帕湾驶去，一路平安无事，并于18日早抵达该湾。翌日，我回到了伦敦。

---

① 雷克雅未克，冰岛首都。——译者注

第六章

# SIX

## 对苏联施以援手

比弗布鲁克勋爵呼吁援助苏联——我们贡献出重要军火——我同麦斯基大使会面——荒诞的建议——比弗布鲁克使团在莫斯科——冷淡的接待——与美方热忱交流——有关苏联供给的议定书——莫斯科方面坚持要求开辟第二战场——苏联战事告急——冬季为苏军构筑屏障——丘吉尔夫人的"援苏"基金

苏联前线战争已打响两个月，德军一直实施轰炸。但是现在，事情出现了另外一番景象。虽然苏联损失惨重，但苏联人民仍不屈不挠、顽强抵抗。士兵拼死作战，军队也日趋成熟，经验丰富。游击队在德国后方发展起来，并破坏敌人的交通要道。被占领的苏联铁路无法使用；公路不堪重压，日益破败，雨后常常无法运输；运输车辆十分破旧，损坏严重。距离苏联的寒冬只有不到三个月的时间了，莫斯科会在这段时间内被占领吗？如果被占领了，德国会止步于此吗？这只能交给命运去决定了。虽然希特勒还沉浸在基辅战役胜利的喜悦中，但德国将军们应该已经生出一丝不祥的预感了。这场决定胜负的战争已足足被推迟了四个星期，中央集团军群"消灭白俄罗斯地区敌军"的任务也尚未完成。

但秋日渐近，苏联前线告急，危机四伏，迫切需要我们的援助。

比弗布鲁克勋爵从美国回来了，在他的推动之下，美国本就十分强大的生产力继续增加生产。如今，他在战时内阁里主张向苏联提供援助，并为此做出了巨大努力。彼时，我们既面临着巨大的压力来准备利比亚沙漠战争，又担心日本影响我们在马来亚和远东的事务，还要从我们自己的必备物资里抽调出来供给苏联。我在头脑中尽量公平分配物资，也跟我的同僚商量孰轻孰重。为了我们的新盟友，我们把自己的安全置于危险之下，我们的很多计划可能都以失败告终，这一切我们都默默忍受着，可我们的新盟友乖戾、暴躁、贪婪，且不久之前对我们的死活不管不顾。

从冰岛回国途中，我认为，等比弗布鲁克和艾夫里尔·哈里曼从华盛顿回来后，我们便可以清楚地估算我们的军火和物资，然后他们便可前往莫斯科告诉苏联我们能提供多少援助。8 月 16 日提出了一份物资供应计划，我们对细节展开了漫长艰难的讨论，供应部门感觉如同被剥皮一般痛苦。然而，我们仍尽最大努力提供物资，一致同意拨出大部分我们期待已久的美国物资给苏联，为苏联顽强抵抗做出贡献。8 月 28 日，我向同僚提议派遣比弗布鲁克勋爵前往莫斯科，内阁欣然同意由他去会见斯大林。罗斯福总统则派哈里曼作代表前往莫斯科。

因此，我通知比弗布鲁克勋爵：

首相致比弗布鲁克勋爵：

　　我想请求您同哈里曼先生一同前往莫斯科，商议苏联军队的长期供需问题。尽管我们有橡胶和军靴等物资，但供应资源几乎全部来自美国。因此，美国必须安装大量新设备。当然，输入港口和船只匮乏限制了供应状况。但是，一旦春季从巴士拉到里海的窄轨铁道铺设成双轨之后，这便会成为一条重要的通道。我们有责任也愿意为苏联提供最大的帮助，即使需要我们自己做出巨大牺牲。不过，1942 年中或年底以前，无法大量输入物资，主要计划将在 1943 年执行。您此行的任务不仅是协助制定援苏计划，而且要确保我们在此过程中不会遭受巨大损耗。即使您为苏联的遭遇而动容，我在此也坚持我的立场。我坚信您是此项工作的最佳人选，大家对此也表示赞同。

　　美国派遣哈里曼是因为霍普金斯因身体状况不佳无法亲赴苏联。目前我们没有必要派遣艾登。

至于出发日期，由美国来决定，但我们必须以诚相待，不能落他人口舌，让别人以为我们愚弄苏联、拖延时间。接下来几天需要商定该会议的日期。我认为两周时间并不能有所作为，因为我们百分之九十的工作都是长远计划。

1941 年 8 月 30 日

使团出发之前，我在致斯大林的信中大致描述了如今的局势。

　　1. 长期援助计划安排好之前，我会一直努力帮助苏联英勇抵抗。我们正同美国商讨这一问题，而且这也会成为莫斯科会议上的主要议题。麦斯基曾表示，你方由于损失惨重，十分需要战斗机。我上次电报中提及的二百架"战斧"式战斗机正在火速运出，我们的两个中队（其中包括四十架"旋风"式战斗机）会在 9 月 6 日左右抵达摩尔曼斯克。我相信，你一定也意识到战斗机是我国国防的基础。此外，我们会努力在利比亚获得空中优势，还将向土耳其提供战斗机，以使土耳其加入我们阵营。虽然如此，如果您的飞行员能够有效利用这些战斗机，我还可以运送两百架"旋风"式战斗机，加起来共四百四十架。这种战斗机装有八挺和十二挺机枪，作战能力强大。我们可以现在给您运送一百架，不久后再运送一百架（连同机械师、教练员、零件和装备）前往阿尔汉格尔斯克。同时，如果您打算送飞行员和机械师去摩尔曼斯克飞行中队，我们可以做出安排让他们熟悉这种新式飞机。若您认为此方法可行，我们便会立即下达指令，具体技术说明将由陆空军代表团电达。

　　2. 波斯决定停止抵抗的消息真是令人振奋。我们进入波斯的目的不仅仅是为了保护油田，也是为了获得一条敌人无法切断的直达苏联的路线。为此，我们必须开辟一条从波斯到里海的铁路，使用印度的建材，保证铁路运行畅通。我国

外交大臣请麦斯基向波斯政府转达我们想跟波斯建立友好关系，避免浪费好几个师来保护铁路。粮食正从印度往外运送。如果波斯同意，我们愿意继续向波斯缴纳石油开采税。我方先锋部队正向前推进，部队司令决定在哈马丹和喀斯之间的某地同你方会师。我们应该让全世界知道英国和苏联已携手合作，这是件好事。在我们看来，我们两国现在最好都不要强行进入德黑兰，因为我们现在的目的只是开辟一条通道。我们正在巴士拉建立一个大型基地，希望以此作为接应美国物资的不冻港，这样就可以把物资运送到里海和伏尔加河流域。

3. 我必须再次表达英国对苏联军民英勇抗敌的敬佩之情。麦克法伦将军对前线的所见所闻印象深刻。虽然我们前方道路崎岖，但希特勒在我们日益强大的空军轰炸之下将度过一个艰难的寒冬。得知阁下就日本取道海参崴发出强烈警告，我感到十分欣慰。我会见罗斯福总统时，总统打算对日本的进一步侵略行动采取强硬措施，无论是在南太平洋还是北太平洋。于是，我立刻声明，一旦战争爆发，英国将与美国站在同一战线。比起我们目前已经为蒋介石做的足够有力的事，我希望能够为他提供更有力的帮助。我们不想与日本发生战争，而且我相信，唯有向这些精神涣散且缺乏自信的人展现出强大的联合力量，才能阻止这场战争发生。

1941 年 8 月 29 日

9 月 4 日晚，麦斯基先生把斯大林先生的回复递交给我，这是自 7 月以来斯大林给我的首封私人信件。

斯大林元帅致首相：

斯大林总理致丘吉尔首相的私人信件。

您承诺，除之前提供的两百架战斗机外，还将向苏联出售两百架战斗机，对此我表示十分感谢。我相信，苏联飞行员定能学会操纵它们，并投入使用。

然而，我不得不说，这些战斗机显然无法立即投入使用，而且必须要分批投入战斗，因此无法对东线产生巨大影响。它们无法带来显著变化，不仅因为此次战争规模之大，需要源源不断的飞机，还因为在过去的三个星期，苏联的军力在乌克兰和列宁格勒已被大大削弱。

我们的确在三周前取得了相对稳定的局势，可实际上，这一局势在上周便被打破，因为有三十到四十个德国步兵师被转移到东线，随之而来的还有大量坦克、飞机以及二十六个芬兰师和罗马尼亚师。德国认为西线的危险不过是虚张声势，所以把所有兵力都投入东线。他们坚信，不存在所谓的第二战场，将来也不会存在。德国信心十足地认为可以逐个摧毁敌人：先破苏联，再破英国。

结果，我们失去了大半个乌克兰，且让敌人攻到了列宁格勒城下。

这种局势导致我们失去了克利佛埃罗格铁矿区和乌克兰境内许多冶金工厂；撤出了第聂伯河和提赫文的两座铝工厂、乌克兰的一座汽车工厂和两座飞机制造厂、列宁格勒的两座汽车厂和两座飞机制造厂；且这些搬迁的工厂需要七八个月的时间才能重新投入生产。

这就削弱了我们的防御能力，致使苏联面临致命的危险。现在的问题就是如何在这种不利的环境下崛起。

我认为摆脱这一困局的唯一方法就是今年在法国或巴尔干半岛开辟第二战场，迫使敌军从东线调走三十到四十个师。同时，保证10月初向苏联运送三万吨铝，每月至少向苏联供应四百架飞机和五百辆坦克（中小型）。

若没有这两项援助，苏联恐怕会遭遇战败，或被大大挫伤，从而无法长期在前线抵抗希特勒，也就无法援助同盟国。

　　我知道这封信件会让阁下感到沮丧。但是又有什么办法呢？经验告诉我，即使现实不如人意，也要面对现实；即使真相残酷无情，也不要害怕说出真相。事实证明波斯事件处理得很好，英苏两军联合行动预先解决了这一事件。但波斯事件只是一个插曲，战争走向绝不会由波斯决定。

　　苏联同英国一样，也不希望与日本发生战争。苏联不会违反任何协定，包括与日本订立的中立协定。但如果日本违反协定在先、攻击苏联，那么我们也会对日本进行反击。

　　最后，感谢您对苏联作战行动的肯定，苏联人民将为了我们共同的自由事业与希特勒血战到底。

1941 年 9 月 4 日

＊　　　＊　　　＊

　　在艾登先生的陪同下，苏联大使与我谈了一个半小时。他声色俱厉地描述了在过去十一个星期里，苏联被德国攻击的惨状。苏联军队所遭受的攻击是前所未有的。他说他不想夸大其词，但现在苏联正处于转折点，如果苏联战败，我们该如何赢得这场战争。麦斯基先生强调了苏联前线的严重危机，他言语沉重，让我十分同情。但很快我从他的要求中感受到一丝威胁，这让我颇为恼怒。我对这位相识多年的大使说道："请记住，四个月前，我大不列颠并不知道苏联是否会跟德国同流合污进攻英国，我们确实曾认为苏联十分有可能会进攻英国。但是，我们仍旧相信我们将取得胜利，我们从不认为必须依靠苏联才能够获胜。无论发生何事，无论苏联做了何事，你们所有人都没有权利来责备我们。"当我言辞激烈之时，大使大声说："请冷静，尊敬的丘吉尔先生！"但可以察觉到他的语气改变了许多。

　　我们的讨论涉及来往函电的内容。大使请求立即在法国海岸或低地国家海岸登陆。我从军事方面向他解释了此方法的不可行性，并告诉他这样做并不会减轻苏联的负担。我说道，我们当日已经花了近五

个小时跟专家讨论如何提高波斯铁路的运输量。我谈到了比弗布鲁克和哈里曼的莫斯科之行，以及我们正想方设法向苏联提供物资。最终，艾登先生和我告诉他，我们会告知芬兰，如果芬兰超越1918年边界线进攻苏联，我们就会对芬兰宣战。麦斯基先生当然不忘提及建立第二战场的要求，但与他继续争论是无益的。

＊　　＊　　＊

我立即就谈话内容和斯大林信件征求内阁的意见，并于当晚收到了回复。

首相致斯大林先生：

1. 我就您的信件内容立即作出答复。虽然我们不应当不作应有的努力，但实际上，英国在西欧除了采取空中行动以外，不可能采取任何其他行动去迫使德国在冬季来临前把军队从东欧调往西欧。如果没有土耳其的协助，西欧便不可能在巴尔干半岛开辟第二战场。如果阁下愿闻详情，我会列举出我三军参谋长给出的所有理由。您的大使在会议上已与我们的外交大臣和三军参谋长讨论过这些问题。采取军事行动（无论用意多么好的行动）只会让我们蒙受巨大损失，却让希特勒受益。

2. 据我所知，德国进攻的高潮已过去，冬季你们将会获得喘息的机会。不过，这只是个人观点。

3. 关于供给。我们十分清楚苏联工业所遭受的巨大损失，我们也会尽我们最大的努力帮助你们。我将电告罗斯福总统让哈里曼先生迅速来到伦敦，争取在莫斯科会议之前就告知你方英美共同许诺每月运送的飞机、坦克的数量，以及橡胶、铝、布匹的数量。英国方面，我们现正准备从国内给你方抽调每月所需要飞机和坦克总数的一半，希望美国能够

提供另一半。我们将尽快不遗余力地运送您所需的军事装备。

4. 我们已经下令向波斯供应铁路车辆，将其现在每日对开两次列车的运输量提高到最大限度——每日对开十二次列车。该项工程要到 1942 年春结束，其间会对其进行不断改进。我们将把机车改装为内燃机车，随后将取道好望角把机车和车辆运送过去，并将扩充铁路沿线的给水设备。首批四十八台机车和四百辆钢制货车即将启运。

5. 我们现准备与苏联共同制定作战计划。英国军队能否强大到在 1942 年进入欧洲大陆，此事尚未可知。不过，我们可以在极北地区夜长昼短之时协助你们。我们希望在今年年底前，把我们在中东的军队数量扩大到七十五万，到 1942 年夏增加到一百万。一旦我们摧毁利比亚的德国—意大利军队，我们便会把我们的军队调往苏联南翼配合作战。我们也希望土耳其至少能够信守承诺，保持中立态度。同时，我们会加大力度空袭德国，保持海运畅通，确保自身安全。

6. 您在电文第一段使用了"出售"一词。我们从未如此看待这一问题，也从未想得到任何报酬。我们所给予的一切帮助最好都能够如美国《租借法案》一样，秉承同舟共济的原则，不要用金钱来衡量。

7. 我们愿意竭尽所能对芬兰施压，并立即告知它，如果再逾越旧边界线，我们将会对其宣战。我们也正请求美国采取一切可能措施来影响芬兰。

1941 年 9 月 4 日

我认为整件事十分要紧，因此趁着自己记忆犹新，也给罗斯福总统发了如下电报：

前海军人员致罗斯福总统：

　　苏联大使昨晚将附加的这封电报交给了我和艾登，并言辞模糊地描述了事态的严重性，事情能否有转机取决于我方的回复。我们不能排除他们单独媾和的可能性，尽管他们言辞中并未透露丝毫。内阁认为有必要回复这封附加的电文。希望您不要介意我们所提及的美国援助。我认为此时为决定性时刻，我们必须尽最大努力。

　　祝好……

1941 年 9 月 5 日

　　苏联的请求自然得到了我国驻苏联大使的强烈支持。为此，我给他发去一封电文，我认为这也将成为他日后同我辩论的依据。

首相致斯塔福德·克里普斯爵士：

　　1. 如果在法国或低地国家海岸采取牵制行动能够成功转移德国在苏联的军队，那么我们将不惜一切代价采取措施。我们所有的将领一致确信，这样做只会遭到敌人的血腥反击；即使我们建立了小规模据点，不久也会以撤退收场。法国海岸的防御已达极限，德国在西欧所持有的兵力比我们在大不列颠所持有的兵力还要多，且还有强大的空军支持。目前我们还无法运送大部队前往欧洲大陆，除非采取用几个月分批运送的方式。把我们的小型舰队投入这样一场行动只会导致对中东支援的瘫痪、大西洋交通的断裂，这可能意味着大西洋战役的失败，意味着不列颠岛的毁灭。我们至今还没能找到改善东线战况的方法。从苏联被侵略之日起，我就一直敦促三军参谋长研究各种形式的行动，但他们的观点与这里所阐述的观点一致。

　　2. 如果斯大林谈及在巴尔干半岛开辟战场，请您记住，虽然当时我们已经使用了地中海的船舶，但仍足足花费了七

个星期才把两个师和一个装甲旅运送到希腊。况且，自从我们被驱逐出希腊后，希腊全境和许多机场都已被德国和意大利占领，完全不在我国战斗机保护范围内。您是否已忘记我们在撤离希腊和克里特岛时，我们的船舶和舰队所付出的惨痛代价。目前的情况比之前更加危急，而且我们的海军力量也被大大削弱了。

3. 您谈及了"一种超人的努力"，我想，您是指一种超越时空和地理界限的努力。不幸的是，我们并没有这种禀赋。

4. 如果法国战线仍存在，那西欧局势定会大不相同。因为那样的话，我确信，德国绝不可能进攻苏联，因为我们可以立刻在法国战线发动大规模的反攻。我们不想谴责他人，但是，希特勒能在进攻法国之前进攻波兰，或是在入侵苏联之前袭击法国，这并不是我们的过错。

5. 与苏联空军遭受的损失相比，从我们仅有的储备中拨出四百四十架飞机显得微不足道。然而，对英国来说，这却是一种极大的牺牲。我们竭尽全力才能让皇家空军得以不分昼夜地袭击敌人，但我们在法国上空的作战仍旧与敌人势均力敌，这表明德国在西欧的空军实力仍不容小觑。

6. 至今我们已为苏联做了许多努力，但仍旧无法左右苏联前线的战局。不过，我们仍然可以为1942年的战役做出安排。波斯境内的路线将会尽快完全开放；无论是来自英国本土还是来自美国的支援，一切我们可以提供的物资都将尽快启运。我正请罗斯福总统尽快派遣哈里曼先生前来伦敦，以便让苏联知晓他们在1942年可以获得的物资，弥补军工业遭受的损失，并制定相应计划。同时，我今天回复了斯大林的信件，这封电文专供您作指导性文件。您亲眼目睹苏联的伤痛，我也与您感同身受，但同情和愤怒战胜不了残酷的现实。

1941 年 9 月 5 日

为回应斯大林的一项要求，我于9月9日向我国驻苏联大使发去以下电文：

首相致斯塔福德·克里普斯先生（莫斯科）：

请代我通知斯大林先生，我们准备从加拿大供应五千吨铝，一旦装船完毕即可发运，随后每月供应两千吨铝。除非苏联政府要求走波斯路线，否则第一批物资将经由海参崴送达。

1941年9月15日

9月15日，我收到了斯大林先生的另一封电文：

斯大林元帅致丘吉尔首相：

在我的上一封信件中，我说明了苏维埃政府的观点，即考虑到我们的共同事业，我国认为建立第二战场是转变当前局面的基本方法。您在信件中一再强调当前不可能建立第二战场，而我想说的是，如果没有第二战场，将会给我们共同的敌人可乘之机。

我毫不怀疑，英国政府渴望看到苏联取胜，也在千方百计地帮助我们。如当前不能建立第二战场，那么是否可以另寻他法来给予苏联军事上的帮助呢？

在我看来，英国可以安全地运送二十五到三十个师前往阿尔汉格尔斯克，或是经由波斯运送到苏联南部地区。这样一来，苏联和英国便在苏联国土上建立了军事合作。一战时，法国也曾出现类似情况。这一方法作用巨大，将会给希特勒猛烈一击。

1941年9月15日

堂堂苏联政府的首领，拥有众多军事专家建言献策，竟会出此荒

唐谬论，这实在让人难以置信。看来与这样一个不切实际的人争辩也无用处。他继续说道：

非常感谢您承诺每月向我们提供铝、坦克和飞机。

英国政府没有按照通常的商业原则行事而是按照友情合作精神给我们提供铝、坦克和飞机，对此我表示衷心的欢迎。苏联政府感激盟友的帮助，我希望将来能有机会报答英国政府。

关于英国驻苏联大使斯塔福德·克里普斯先生于 9 月 12 日发给莫洛托夫先生的备忘录，我需做一点说明。备忘录中写道："如果苏联政府被迫摧毁列宁格勒的海军军舰以免落入敌人之手，那么英王陛下政府将会在战后承认苏联政府为修复所损毁军舰的索赔要求。"

如果停泊在列宁格勒的苏联舰艇果真被销毁，英国政府甘愿对苏联政府受到的损失提供部分补偿，苏联政府对英国政府的这种好意表示理解和感激。无疑，我们将在必要时采取此策略。然而，赔偿损失不是英国的责任，而是德国的责任。因此，我认为，战后应由德国赔偿损失。

对于此封电文，我尽量给出了最为妥善的答复。

首相致斯大林先生：

1. 非常感谢您的来信。哈里曼使团已全部抵达，现正与比弗布鲁克等人整日工作。他们此行的目的是全面考察资源以制定一份每月供给计划和路线，从而帮助你们弥补军火工业损失。罗斯福总统认为此计划应施行到 6 月底，但我们当然认为我们应当支援你们直至胜利之日。我希望莫斯科会议能在本月 25 日召开，但在所有人安全抵达之前请勿对外宣传。行程路线和方法将在随后的电文中告知。

2. 我十分重视开辟波斯湾到里海的这条路线，不仅要开辟铁路，而且还要开辟公路。我们希望在开辟路线的过程中能够得到美国的能源支持和组织方面的支援。比弗布鲁克勋爵将负责解释供给和运输的整个方案，他与哈里曼先生十分要好。

3. 我国参谋长对英苏两国共同作战的所有战场都进行了考察，南翼和北翼地区最为有利。如果我们在挪威的行动能够取得成功，瑞典的态度会大为转变，但此时，我们还没有施行此项计划的军力和船只。另外，如果我们能够争取到土耳其，我们的实力便会大大增强。土耳其愿意与我们携手作战，但是却心惊胆战，这可以理解。如果我们承诺向土耳其运送其急需的军队和工业器材，这可能会对土耳其产生决定性影响。我们将与你们共同研究其他有用的策略，唯一的目的就是要尽全力消灭共同的敌人。

4. 我完全赞同您提出的苏联军舰损失将由德国来赔偿这一点。取得战争的胜利就能够控制德国和意大利重要舰船，而且我们认为，这些舰船最适合弥补苏联舰船的损失。

1941 年 9 月 17 日

*　　*　　*

10 月 25 日，我就苏联异想天开的计划（即派遣二十五到三十个英国师在阿尔汉格尔斯克或巴士拉登陆）回复了我国大使。

首相致斯塔福德·克里普斯先生（莫斯科）：

1. 您认为派遣"二十五至三十个师到苏联前线去作战"的想法是荒谬的，没错，它的确荒谬。之前我们的船舶充裕，而敌人的潜艇较少时，我们还足足花费了八个月的时间才越过海峡在法国境内部署了十个师。在最近的六个月里，我们历尽艰辛才把第五十师运到中东。现在，我们正采取特殊方法把第十八师运送过去。我们当下没有船只空闲，如果要腾出船只，只能从中东供应船只中拨出，或是从苏联供应船只中抽调。我们现在只能勉强维持生活所需和军火制造。现在派往摩尔曼斯克的所有部队都无法在冬日的黑暗中行动。

2. 南翼现状如下：苏联有五个师的兵力在波斯，我们愿意派兵去替换他们。我们正在给通往北部的补给线上增加兵力，这些苏联士兵理当在此项工程结束之前就回去保卫自己的祖国。但把两个装备齐全的英国师投入到高加索或里海北部将至少花费三个月的时间，到那时，这两个师也只是沧海一粟了。

1941 年 10 月 25 日

\*　　\*　　\*

在此期间，比弗布鲁克—哈里曼会谈也在伦敦结束。9 月 22 日，这个"英美供给使团"乘坐"伦敦"号从斯卡帕湾出发，经由北冰洋前往阿尔汉格尔斯克，然后乘飞机前往莫斯科。诸多事宜都要靠他们去斡旋。我给比弗布鲁克勋爵提供了一些总体指导意见，这些指导意见是经过战时内阁国防委员会批准的。另外，我还托比弗布鲁克勋爵帮我转交一份斯大林亲启信件，内容如下：

尊敬的斯大林元帅：

英美使团现已出发，这封信件将由比弗布鲁克勋爵转交给您。比弗布鲁克勋爵在内阁中享有极高的声誉，也是我最亲密无间的老朋友，他与哈里曼先生建立了十分友好的关系。哈里曼先生也是一位非凡的美国人，他全心全意为我们的共同事业奋斗。他们将向你陈述英国和美国最终商定的结果。

罗斯福总统决定，我们的提议首先应解决九个月内

（1941年10月至1942年6月）的每月供应配额问题。您有权知晓我们每月提供的具体物资，这样一来，您便可以最有效地利用储备物资。

虽然美国拟定的供给计划只到1942年6月底，但我相信，此后我们两国也定会提供更多的物资。请相信，我们将竭尽所能帮助修复苏联军事工业遭受的重创。比弗布鲁克勋爵会就此事进行详述，在此我就先不赘述了。

您将发现，我们给予您的每月配额要么产自英国，要么是英国向美国购买而来，再或者是英国根据租借法案从美国获得。美国曾决定把其所有的出口盈余赠予我们，但美国在那段时间内也很难开辟新的供应来源。我希望能进一步推动美国生产，希望到1943年，美国强大的工业能全面投入战争和生产。就我国而言，我们不但要大大提升预期生产量，而且还要鼓励人民努力生产，以满足我们共同的需求。不过，您也将看到，我们计划中的军队和供给物资仅占贵国或德国的五分之一或六分之一。我们的第一任务是保持海洋开放，第二任务是获得空中的绝对优势，这两个任务是不列颠群岛上四千四百万人的首要之事。我们从未期望自己的军事工业能够与欧洲大陆军事大国相比肩。不过，我们会尽全力给予您支援。

伊斯梅将军是我在参谋长委员会的私人代表，他深谙我们所有的军事策略，现指派他去跟你们的参谋长制定切实的合作计划。

如果我们能够清除利比亚西翼的敌人，我们便能够抽出大量兵力（空军和陆军）前往苏联南翼协同你们作战。

在我看来，如果土耳其能拒绝德国借道运输军队的要求，再或者，土耳其能够跟我们共同作战，那便是最快速有效的帮助。我相信，您也会十分重视该问题。

我与您一样，一直十分同情抗击日本侵略的中国人民。

我们当然不愿意看到日本加入敌人的行列，但是我与罗斯福总统会谈的结果已经表明了美国的态度，这会让日本政府更加清醒地思考。我当即代表英王陛下政府宣布，如果美国卷入对日战争，英国也将立即对日宣战。我认为，我们三国应尽可能继续给予中国援助，这种援助可能持续很长一段时间且日本在此期间内不会宣战。

毫无疑问，摆在我们人民面前的是遍地荆棘。但我认为，美国很可能作为交战国加入战斗。若如此，只要我们坚持，胜利的曙光就在前方。

我有信心，随着战争的发展，英国、苏联、美国和中国——这四个占世界人口三分之二的国家——会共同前进、抵抗迫害者；我也确信，道路的前方就是胜利。

衷心希望苏联军队胜利，纳粹暴君灭亡。

　　　　　　　　　　　　　　　　　　您诚挚的朋友

　　　　　　　　　　　　　　　　　温斯顿·丘吉尔

　　　　　　　　　　　　　　　　1941 年 9 月 21 日

*　　*　　*

9 月 28 日，我们的代表团抵达莫斯科，但苏联的接待一点也不热情，讨论的氛围也不融洽。看来，苏联认为自己遇到的困境是我们造成的。苏联将军和军官没有向英美将领传达任何情报信息，苏联甚至未曾告知我们他们是如何计算物资的，直到最后一晚，我方代表团才受到正式招待，受邀去克里姆林宫参加晚宴。可别以为参加晚宴对于要事缠身的人来说没多大用处，相反，他们私下接触可以缓和气氛，更容易在这种氛围里达成共识。但当时大家都没心情，看上去好像是我们前去请求恩惠一样。

伊斯梅将军跟我讲过一件趣事，虽不一定真实，但却可以博大家一乐。有一次，苏联旅行社的导游带伊斯梅将军的勤务兵参观莫斯科的景点，这名勤务兵是一名皇家海军陆战队士兵。那个苏联导游说："这是艾登饭店，以前被称为里宾特洛甫饭店。这是丘吉尔街，从前叫希特勒街。这个呢，是比弗布鲁克火车站，以前叫戈林火车站。您要抽烟吗，同志？"这位海军陆战队士兵回答道："谢谢，同志，不过'同志'过去被称为'混蛋'！"这个故事虽然滑稽，但却真实描述了当时诡异的会议氛围。

＊　　＊　　＊

与之形成鲜明对比的是，美国方面与我的联络十分热忱。

前海军人员致罗斯福总统：

当我们收到您（致哈里曼先生的）有关坦克的电文时真是如沐春风，因为我们当时正为要把所有物资提供给苏联而发愁。美国可能提高一倍产量的消息实在是振奋人心。我们的代表团已经在亲善和友好的氛围下启程。

祝好。

1941 年 9 月 22 日

首相致哈里·霍普金斯先生：

我们的使团现正前往莫斯科，刚好可以趁此考察一下伦敦会谈所涉及的内容。

英美共同向苏联提供的物资都是必要的、值得的。然而，无须隐晦的一点是，苏联索要的物资之大已影响到美国扩大军备，同时也影响到我国战斗力的加强。您知晓我们在接下来九个月里的困难所在。

我们双方必须努力去填补这无法避免的差额。我们这边无法在原定计划之上扩充生产量。我殷切希望您能够在短期内提高美国的生产水平。

您应当听闻,有关战争所需物资的会谈取得了较大进展。我们已经签署了一份联合备忘录,这份备忘录记载了我们暂且能估算到的最终需求,恩比克将军会把这份备忘录带回华盛顿。华盛顿方面需进一步完善相关工作,有待补充有关苏联作战的物资需求。有没有可能在 1942 下半年就完成 1943 年上半年预计完成的产量?如果这一计划能够成功,那么不仅将为我们的胜利计划打下坚实的基础,而且比其他方法更有助于满足双方的短期需求,另外还能够帮助苏联在 1942 年下半年获得更多的支援。

1941 年 9 月 25 日

10 月 2 日,我从总统那里获悉关于美国将来生产坦克和飞机的计划。从 1942 年 7 月至 1943 年 1 月,美国将每月向英格兰和苏联提供一千两百辆坦克,并在接下来六个月每月提供两千辆坦克。美国通知了前往莫斯科的美国使团,自 7 月 1 日起每月可以向苏联提供四百辆坦克,并且在同我方代表商谈后可增加数量。

由于美国坦克产量翻倍,因此可以按承诺增加坦克供应量,即每月提供两千五百多辆坦克。

总统还告知我,他答应从 1942 年 7 月 1 日至 1943 年 7 月 1 日向苏联提供三千六百架飞机,这已高于原先商定的数量。

\*     \*     \*

最终,他们在莫斯科达成了一份友好的议定书,该议定书规定了英国和美国在 1941 年 10 月至 1942 年 6 月间应向苏联提供的物资。我们的军事计划因缺乏军火而受到了阻碍,而这份议定书更加打乱了我们的计划。所有重担都落在我们身上,因为我们不仅要拨出自己的产量,还要把美国提供给我们的重要军火拱手相让。美方和我们都没有承诺要负责冒险穿过海洋和北极航线给他们运送物资。我们建议冰雪

消融后再运送物资，斯大林得知此事后发出了强烈指责。对于此事，值得注意的一点是，我们当时提出的保证是：所有物资在"英国和美国生产中心交付"，而议定书序言的结尾处如是写道："英国和美国将会协助运送物资至苏联，并协助起卸。"

10月4日，比弗布鲁克勋爵致电给我：

比弗布鲁克（莫斯科）致首相：

这份议定书大大增强了莫斯科的士气，但是这份士气是否持久还得看物资的交付……

我认为如今的军事局势即使到冬季也不一定平稳，但我认为士气可以稳定局势。

1941年10月4日


我们将财富分享给为生存而战的人们。


首相致比弗布鲁克勋爵（莫斯科）：

由衷地恭喜你们全体人员。我们所获得的统一和成功意义非凡。只有你有能力办成这件事。现在请回国并（此处有一组密码无法译出）材料。此时的喜悦之情难以抑制。

1941年10月3日


首相致比弗布鲁克勋爵（海上）：

为保证您的工作成功，我们未敢浪费一分一秒。

1941年10月6日


我向斯大林发去了如下电文：


首相致斯大林元帅：

1. 我很高兴从比弗布鲁克勋爵处得知，此次莫斯科三方

会谈十分成功。真的是"即施倍予"。我们计划每十天派出一次运输船队。以下军备已经启程，并将于 10 月 12 日抵达阿尔汉格尔斯克：

二十辆重型坦克；一百九十三架战斗机（10 月份以前的总额）。

以下物资将于 10 月 12 日运出，并于 10 月 29 日抵达：

一百四十辆重型坦克；一百架"旋风"式战斗机；两百辆小型履带式装甲车；两百枝反坦克步枪及弹药；五十门能发射两磅重炮弹的大炮和弹药。

以下物资将于 10 月 22 日运达：

两百架战斗机；一百二十辆坦克。

以上是 10 月份运送的飞机总配额，另外的两百八十辆坦克将于 11 月 6 日抵达苏联。小型履带式装甲车、反坦克步枪和发射两磅重炮弹的大炮都将于 10 月份抵达。二十辆坦克已取道波斯转运，另十五辆将从加拿大途经海参崴转运，因此坦克总数量将为三百一十五辆，比总额尚少十九辆，不过这将会在 11 月份补足。以上不包括美国提供的物资。

2. 在安排定期运输工作方面，我们把阿尔汉格尔斯克当作主要起卸地点。我认为这部分工作已落实。祝好。

1941 年 10 月 6 日

虽然伊斯梅将军完全有权向苏联领导解释变幻莫测的军情，但比弗布鲁克和哈里曼认为还是要避免任务复杂化，因为有些问题根本无法达成共识。因此，莫斯科会议并未谈及此方面的事宜。但苏联还是通过非正式的途径要求建立第二战场，丝毫不管其中的可能性。他们所经历的苦难就是他们的借口。此时，首当其冲的就是我们的大使了。

晚秋已至。10 月 2 日，博克指挥的中央集团军群重新向莫斯科推进，两支军队从西南部直指莫斯科，另一支装甲部队向两翼拓展。10 月 8 日，奥勒尔被攻陷；一周后，莫斯科—列宁格勒公路上的加里宁

城也沦陷。铁木辛哥元帅既面临两翼威胁，又面临着中央集团军的猛攻，于是，他把他的军队撤退到莫斯科以西四十英里处。此时，苏联的局势极其不容乐观。苏联政府、外交使团和一切可以转移的工厂都被撤到莫斯科以东五百英里处的古比雪夫。10 月 19 日，斯大林宣布莫斯科被包围，并于当天发布了一道指令，"誓死保卫莫斯科"。尽管敌人已经从奥勒尔行进到图拉，尽管莫斯科三面被包围且不时遭到空袭，但苏联在 10 月底的抵抗力已明显增强，压制了德国的进攻。

*　　*　　*

我继续支持我国驻苏大使，他现在困难重重，任务繁重。

首相致斯塔福德·克里普斯先生（古比雪夫）：

　　1. 我十分同情您现在的处境，也同情正在遭受苦难的苏联。然而，苏联人无权谴责我们。苏联与里宾特洛甫签订的条约让希特勒能够大肆进攻波兰，从而引发了这场战争，这都是他们自己酿成的苦果。他们对法国的战败坐视不管，导致他们切断了开辟第二战场的后路。如果苏联能够在 6 月 22 日之前就跟我们事先商定，我们便能够提前准备更多的军火。然而，直到希特勒进攻苏联之前，我们都不确定苏联是否参战，或苏联站在哪一边。如果英国在 1941 年 7 月或 8 月被敌军进攻、轰炸，或是今年在大西洋战役中饥饿难挨，苏联人一定会袖手旁观。如果巴尔干半岛被袭击时，苏联能够出兵援助，那么事情就会大有转机，但是苏联却坐视不理，助纣为虐。苏联政府竟还批评我们以牺牲苏联为代价攻克非洲、夺取波斯，指责我们故意"让他们战至最后一兵一卒"。如果他们对我们心存疑虑，那不过是因为他们自己心中有愧、自我谴责罢了。

　　2. 我们的行为至信至诚。我们为了帮助苏联，不惜打乱

计划，重整军备，甘冒春季作战的风险，暴露在危险之中，我们已竭尽所能去帮助苏联。只要行动合理，我们还愿尽其所能地帮助苏联，但是我认为派两到三个英国或英国—印度师前往苏联是不明智的，这样做只会让军队遭到包围，然后被粉碎，白白牺牲。苏联从来不缺少人力，现在拥有数以百万计训练有素的士兵，他们需要的是现代化装备。我们正在运送这些现代化装备，并且将最大限度地利用港口和交通来运输。

3. 同时，根据我们的长期计划，我们自己还要作战，而打乱这些计划是愚蠢之至的。我们曾主动提出从波斯北部撤出五个苏军师，由印度军队填补，虽然印度军队的装备不足以抵抗德国军队，但可以稳定内部治安。我们建议派遣少数军队前往高加索地区，但莫洛托夫拒绝了，对此我表示遗憾。我们现在努力让土耳其保持中立，防止它被德国的承诺诱惑（德国承诺将部分苏联领土割让给土耳其）。我们不期望处于水深火热之中的苏联能够对我们表示感激，但我们也绝不会因苏联的责备失了分寸。当然，您也不必用这些事实在苏联伤口上撒盐，但我希望您能够向苏联表明英国的忠诚、正直和勇气。

4. 我认为，您和麦克法伦（英国派往苏联的军事代表团团长）现在无须回国。我此时只能重复我的话，我希望我永远都不必公开就此事进行辩论。我确信，您现在的任务就是与苏联人共患难，虽然还不能断定苏联一定能够取得胜利。现在希特勒随时都可能停止进攻东部转而向我们开火。

1941 年 10 月 28 日

我们暂且把希特勒—斯大林的这出戏搁置一边。现在，寒冬为苏联军队构筑了一道屏障。

＊　　＊　　＊

我妻子深深地感受到，随着时间的推移，德国军队来势汹汹地跨过苏联草原，而我们却无法给苏联提供任何军事援助，这让全国上下忧心忡忡。我告诉她，开辟第二战场是不可能的，我们所能做的就是长期向苏联输送大量物资。艾登先生和我鼓励她通过自愿捐助的方法筹募医药援助基金。英国红十字会和圣约翰医院已经开始了募捐活动，我妻子受邀前去带头呼吁"援助苏联"。10 月底，在他们的呼吁之下，我妻子发表了她的第一份呼吁书：

　　　　看到苏联当前遭遇的灾难，任何英国人心头都会为之一振。苏联人民的抵抗能力和军事力量让我们惊叹，苏联人民勇猛、坚毅和舍身为国的精神让我们敬佩。但让我们尤其震惊的是，人类竟然遭受了如此巨大的浩劫……

　　　　我们已送给苏联的物资有：五十三套紧急手术用具、三十套输血设备、七万枚各种外科用针、一百万片 M. 和 B. 693 号药片。这种药品是新型杀菌药，彻底革新了由细菌引起的疾病的传统治疗方式。除此之外，我们还运送了半吨非那西汀和七吨脱脂棉。当然，这只是个开始……

　　　　我们说过，我们的募捐目标是一百万英镑，现在已取得了一个好的开始。我们仅在十二天内就筹到了三十七万英镑。我们慈爱的国王和王后在上周向红十字会捐赠了三千英镑，他们还说，希望能从这三千英镑中拨出一千英镑用于捐助苏联。他们树立了一个典范。

　　　　募捐活动很大程度上依赖于雇主的帮助。我可以这样说：无论在哪里，只要雇主能够为募资提供便利，即使是收入微薄的工人也会前去捐助。因此，从国王、王后到平民百姓，我们全都可以参与到这场善心活动中。从村舍到皇宫，从收

入微薄的捐助者到慷慨的施主（如送来一张五万英镑支票的纳菲尔德勋爵），这其中拥有数以百万计的人们心系苏联人民。

人们立即做出了慷慨的回应。在其后的四年里，我妻子全身心投入这项事业中，充满了热情与责任感。我们总共募集到将近八百万英镑。许多富人慷慨解囊，但大部分资金还是来自平民百姓，是他们从每周工资中节省下来的。因此，虽然北极运输船队损失惨重，但通过红十字会和圣约翰医院的共同努力，医药和外科器材、慰问品和特制设备却顺利穿越了冰天雪地、危险丛生的海洋前往苏联，送给了英勇的苏联军队和苏联人民。

# 附　录

## 首相以个人名义发出的备忘录和电报

### 1941 年 4 月

首相致安德鲁·邓肯爵士和进口管理委员会：

上一次的"大西洋战役"委员会会议留给大家这样一个印象：油船的周转时间之所以缩短了很多，主要是因为抽油的方法得到改良。其实并不是这样。时间已经从十一点三天缩短到三点三天了。

节省下来的时间是因为良好的组织工作。附表里也说明了这一点。能省下那么多时间，输油方法的改进只占不到三分之一的原因，超过三分之二是由于更加熟练的组织工作。

你和你的委员会应调查一下此事，看看对于石油管理委员会提出的办法，海运部能实施到什么程度。

1941 年 4 月 1 日

首相致内政大臣：

我在《每日电讯》上看到一则消息，称不久后你会向国会说明赛马业的发展前途。你愿意提前知会我你将要说的内容吗？如果有会对赛马业造成威胁，甚至在战时停业的事情发生，或者有让纯种马灭绝的事情发生，那么就有必要把这整件事情交给内阁研究解决。

1941 年 4 月 2 日

首相致海军大臣和第一海务大臣：

有关海上添加燃料的问题。考虑到"马来亚"号正在负责护送一个航速八海里（也有可能是六海里）的运输船队，我觉得没有必要强调它给一艘航速二十海里的驱逐舰加油的危险。的确，在给驱逐舰加油的过程中，这艘战列舰无法灵活地避开水雷的攻击。但反过来说，让驱逐舰和战列舰并行，可以很大程度弥补这种暂时的不利。如果运输船队周围有四艘驱逐舰的护航，那么一艘负责添加燃料，其他三艘来负责保护工作。无论怎样，最糟糕的情况就是把一艘战列舰和一个航速六或者八海里的运输船队拴在一起，没有反潜艇舰只进行保护。这就是我们刚刚讨论的那个运输船队的情况。

1941 年 4 月 4 日

首相致空军参谋长：

（关于中东的空军）有两件事情让我觉得不可思议：

1. 虽然我们人员总数有二万六千六百人，飞行员有一千一百七十五人，可以用来执行任务的飞机有一千零四十四架，但我们却只能对二百九十二架敌机作战。

2. 虽然我们有充足的人力和一批老式的飞机，但在新式飞机到达时，空军总司令竟然找不到需要的勤务人员，只好让大量人员穿过好望角前往中东，这次延迟的后果很严重。

1941 年 4 月 5 日

首相致海军大臣和第一海务大臣：

请在附件里对于我们提出的请求给予满意答复。如果一周之内在纽约能得到七艘快艇，那为什么不再做得完善一点，从冰岛给它们配好人员，这样两周之后就能投入战斗。无论怎样，请确保一切准备妥当，给这些船只配备好人员，让它们投入战斗。

1941 年 4 月 5 日

首相致爱德华·布里奇斯爵士：

　　在复活节期间的工作不应该出现严重的中断，这一点很重要。

　　周一的例会应于下午五点开始。各部大臣们能随时接听电话。最好还能轮流休假。

　　请把休假人员和留在办公室人员的名单递交于我。据我所知，复活节期间很容易被入侵。

1941 年 4 月 8 日

首相致伊斯梅将军：

　　我们一定要知道托布鲁克最详细的情况。请尽快准备好大规模计划，形成一个模型，要包括托布鲁克和阿德姆地区在内，同时为我准备从陆地和空中拍摄的最清晰的照片。

1941 年 4 月 8 日

首相致军需大臣：

　　我看到机床调查表上显示，在 1940 年 6 月到 11 月的工作中，每周的机床生产平均用时从六十六小时降到五十八小时，我感到有些担心。当然要在各种不同的机床中取得完美的平衡，让全部器械得到充分利用，是不可能的。不过实际工作的时间比我们预想的要少。一小部分的损失（一个半小时一周）是由于直接空袭造成的。另外的损失可能是因为在熄灯的时候工厂都关闭了造成的。麻烦告诉我现在工厂里一天轮几次班。

　　如果我们不能很好地利用现有的机床，那么就很难有充分理由去催促美国机床迅速交货了。

　　我也给了飞机生产大臣和海军大臣同样的备忘录内容。

1941 年 4 月 8 日

（即日办理）

首相致印度事务大臣：

你昨天反应迅速，行动有效，我十分感谢。我对你在接下来几天，为巴士拉成为一个大型的美军集合地点做的计划很感兴趣。自然，你会分几个阶段来进行，这样慢慢随着计划的发展，我们也可以一步一步跟着。这一边防空的计划也要开始着手准备了。为了使我们的战斗机能够及时起飞，一定要配置相应的雷达站。请向军方索要大量当地的照片，还有你的报告也一起交过来。报告请尽量简短。

1941 年 4 月 10 日

首相致帝国总参谋长：

我每周都要研究报表，从这次这份来看，你会知道我们的重型坦克在军队手中的有一千一百六十九辆。我们原本每月生产两百多辆坦克，不久以后这个数量会增加。

坦克交货情况已经严重拖延了，如果人员的训练还跟不上的话，那就该问责陆军部了。给一个装甲师配备二百三十八辆巡逻坦克，而另一个装甲师却只有三十八辆，那如果训练遇到困难我一点都不觉得奇怪。也许给第十一装甲师再多分几辆步兵坦克，训练的进度会加快一些。

从个人角度而言，我并不赞同把每个师都弄成一模一样。但是让一个师的武器，虽然速度不同，如果能得到很好的配合，那是没问题的。此外，在这些装甲车中有些还应当携带野战炮，甚至是一两门大炮或者迫击炮。希望你能把德国人的行动写成一个报告给我。

1941 年 4 月 15 日

首相致海军大臣：

我听闻海军部正研究将长形阿克蒂恩鱼雷防御网（或类似装备）装在护航舰后部，这些护航舰航行在运输船队两侧。若能汇报进展情

况，我将十分高兴。①

如果能成功研究出这种东西，那么将在很大程度上帮助我们解决问题。

1941 年 4 月 15 日

首相致空军大臣：

倘若我们迫于敌军行动而展开化学进攻的话，我方在该方面的准备情况令人不甚满意。

海陆空军化学战委员会就这个问题的报告以及军需部所做的评论已交到我面前。从两份文件中，可以发现以下几个特点：

1. 毒气弹依然十分紧缺。尽管原本在 2 月份时就应开始生产六英寸和五英寸半的毒气弹，但目前为止还未有结果。据我了解，由于空弹壳缺乏，导致二十五磅毒气炮弹供应不足。

2. 三十磅的 1 号 L. C. 炸弹的生产进度将无法与陆军所使用的五英寸口径火箭发射器的生产进度保持一致。毫无疑问，即使是用于训练，其供应数量也远远不够。

3. 光气生产不充分，目前，工厂的产量约为其生产力的百分之六十五，在此之前的几个月，只有百分之五十。

我建议，国防委员会（负责供应）尽早开展会议，对情况展开全面检查。

为了使本次检查尽量详尽，望飞机生产大臣和军需大臣就本部门的相关情况，草拟出一份简短而概括的说明并递交我处，以便在会议前进行传阅。在说明中，须阐明每种主要毒气武器和组成材料（包括毒气）的以下情况：

1. 针对所提出的总需求量，标注日期。

2. 4 月 1 日时，各部所保管的组成材料的存货量。

---

① 当时正在研究用阿克蒂恩网装在商船上来防御鱼雷。护航舰只装上这种网后，会严重妨碍它们的行动自由。

3. 截至 4 月 1 日，对皇家空军或陆军当局的供应量。

4. 在接下来的六个月中，每月的大约产量。

若这些说明能在一周内交过来，我将感到十分高兴。我将把它们交给布里奇斯爵士。

我给陆军大臣、军需大臣和飞机生产大臣分别发去了同样的备忘录。

1941 年 4 月 15 日

首相致雅各布上校：

请将眼下和去年 9 月份英国本土部队的实力列表说明，包括：1. 步枪和小型高射炮数量；2. 大炮——包括各型野战炮和中型炮（合二为一），以及海防大炮和重型及轻型高射炮数量；3. 军队中的步兵坦克和巡逻坦克的数量；4. 战斗队伍的给养人数和步枪数量；5. 师及旅的数量：在海滨及其后方隶属集团军或总司令部后备队或其他部队的人数各若干；6. 如今和去年 9 月份的可投入作战的战斗机数量各若干；7. 在这两个时期中，轰炸机的投弹数量和重量各若干；8. 在这两个时期中，本国海面上的小舰队的实力。只需估计个整数即可，不必太过详细。

1941 年 4 月 16 日

（即日办理）

首相致空军参谋长：

1. 有一点须承认，轰炸机司令部不可袭击布雷斯特港内的敌巡洋舰，由此可充分证明该兵种的不足之处。他们并未计划发动实质性的低空白日袭击。从所有的经验中可看出，空军部并未重视类似俯冲轰炸机的飞机，该方针是一个重大错误；眼下我们既不具备进攻能力，又总是害怕遭受损失。这便是我们为空军部的错误所付出的沉重代价。

2. 在战争中，德国的两艘战列巡洋舰最为重要，原因在于我方既无法俘获也不能击沉它们。我从未要求你在对敌作战的同时，与天气

情况展开较量，但在此之后，好天气的日子越来越多。我认为不应就此放弃与这两艘敌舰展开战斗。与之相反，这正是我们努力克服失败的原因。希望你和海军部对以下问题展开研究："胜利"号虽然尚未准备就绪，但可以在其甲板上放二十架"旋风"式战斗机。若我方能有如此多的战斗机进行保护，是否便可派十多架轰炸机在具备了我方所能改进的最为准确的投弹瞄准器后，在黎明发动袭击呢？请即刻对此展开研究，并给我发送报告。

3. 我自然赞成向德国发动袭击，也同意派出最重型的炸弹猛击柏林，并允许派出轰炸机司令部的大部分飞机来对付德国；但也需每天对那些战列巡洋舰进行摄影，除上述在白天展开的特殊袭击外，还应频繁袭击它们，天气好时，派出几架飞机，若在黑暗中察觉舰只移动时，便出动较大规模的编队发动袭击。①

1941 年 4 月 17 日

（即日办理）

首相致帝国总参谋长：

1. 第七装甲师曾参与过多次苦战，战绩突出。2 月 6 日，他们攻下班加西之后，便受命回到开罗重整装备。中途四百多英里，在此过程中，定会磨损不少坦克的履带。据有关人士报告，德军已派人在的黎波里展开活动。情况属实的话，若将该师从这么远的地方调回，则有失考量。该师坦克不可能在同一期间需要长期修整。前方应临时建立工场进行小规模修整，并将工作人员送去该地。除第三装甲旅外，第七师的装甲旅中还有很大一部分将面临相同的情况。韦维尔将军及

---

① "格奈森诺"号事实上已于 4 月 6 日在布雷斯特港被空军海防总队的一架飞机施放的鱼雷击中。在这次英勇的袭击中，飞机坠毁，机上所有人员都牺牲了。英军追授驾驶员维多利亚十字勋章。几天后，轰炸机司令部的飞机对这艘军舰投弹命中四次。当时英军并不知道这些成就。7 月间，"沙恩霍斯特"号为了试航和海上训练，曾从布雷斯特移到比斯开湾的拉帕利斯，但三天后在港内被炸弹击中，受到重创。它驶回布雷斯特进行进一步的大修。

其军官们却似乎认为在 5 月底之前，不会发生什么麻烦事。这个想法明显有误，故带来的结果令人痛心。

2. 这些装甲部队回去后，至少有一百一十四辆巡逻坦克和四十八辆步兵坦克进入并已驻扎在埃及工场，共计一百六十二辆。预计最快等到 5 月 15 日时，才有四十辆坦克出厂，到 5 月 30 日，有四十一辆可以出厂。这些坦克原本可凭自身动力驶回，可竟然要花费这么久时间才能全部驶出，而托布鲁克的坦克只有少数几辆驶出工场，这实在令人难以置信。望向我提交一份报告，准确说明巡逻坦克和步兵坦克进入埃及各工厂的日期，以及那些已经修缮的坦克的出厂日期，还有其余坦克即将出厂的日期。显然，在修理工作方面，一定出现了某种懈怠和管理不善的情况。

3. 据传在 4 月底时，即将从美国运来六十辆巡逻坦克，这些坦克究竟有什么问题，我方至今还未获悉。

1941 年 4 月 18 日

首相致陆军大臣：

在利比亚，眼下部分德国坦克已落入我方之手，这些坦克即便有所损坏，我们也应当竭尽全力找到一位熟悉坦克的英国设计师或工程师对此进行检查。

若情况允许，时间成熟时便可把一辆德国坦克或适当部件运回国内。与此同时，若眼下在中东没有合适的专家，则应立即派遣一名专家过去进行检查。

我给军需大臣送交了一份备忘录，内容相似。

1941 年 4 月 20 日

首相致伊斯梅将军：

望召开一次会议，对坦克及其未来发展问题展开讨论，并邀请各坦克师司令官及其军需部的代表们与会。将会议日期定在下周一，即 5 月 5 日。

坦克部队的军官们应积极准备发表意见，并各抒己见。根据总司令的会议，制定出一项议程。

务必安排妥当一切，并帮我拟一份格式恰当的备忘录，送交陆军部。

1941 年 4 月 21 日

（即日办理）

首相致帝国总参谋长：

1. 我已和克劳福德将军一起检查了坦克的情况。将六十七辆巡逻坦克及其备用部件送出去之后，后续三个月的交货量应会超过二百八十八辆。步兵坦克的交货量可达五百辆，而我方在 5 月和 6 月能交出大批 A22 式坦克。除驾驶盘和无关紧要的一两个部件外，IV 号和 VI 号坦克的备用部件几乎是一样的。引擎是完全相同的，而中东方面已得到 VI 号坦克配套的大量部件。鉴于此，我们只需将不同部件送去即可。

接下来的三个月中，你将遇到的困难是，为收到的坦克找到受过相应训练的部队。

2. 我希望你能关注一个问题，在训练中，军队所掌控的一千一百辆坦克不能遭受太多磨损。我们不想突然有人报告称，我们所依赖的那个师的坦克在我们最需要的时刻，像第七装甲师的坦克那样，竟需要进行长期修理。在我看来，应将训练分为两部分：（1）坦克使用方面的训练。针对这种训练，即使在一些装备尚未齐全的师中，也必须配备模型坦克。（2）战术训练。应在训练中尽力避免大规模移动坦克。在很多演习中，势必可以派出轻机枪战车按照坦克的驾驶速度来进行，若派坦克展开演习，其履带会因此遭受磨损，故只能偶尔采用这种办法。骑兵军官们应赞赏一条原则，即在交锋前，平时一直骑"驽马"。

请就上述问题给我提交一份报告。

1941 年 4 月 22 日

首相致帝国总参谋长：

据我估计，再过不久，你将遇到（国内）坦克过剩的问题。你提及了这些车辆的速度和行程。在实际情况中，事情并不会如你所想的那般进行。对于一支成分相同的大军而言，几乎没有展开长期进军或运动的必要。多数情况下，在每次行动中，由于大多数人候在一旁，只有少数人能够前行，故会浪费好多时间。鉴于此，就更有理由进行混合编制了，而我打算撤销五个师的巡逻坦克，从而使各师有清一色的坦克，这个想法无疑愚蠢无比。这就是"坦克会议"上必须讨论的其中一个问题（我正打算给你送一份关于此次会议的备忘录）。我们肯定得在不久以后开一次会。在英国，乡间一般都是圈地，故距离较短，巡逻坦克和步兵坦克之间的差别也因此越来越小。由同一型号的坦克组成的部队，其编制不应超过一个旅。战事趋于平静的时候，应将坦克更平均地分配至各个部队。

1941 年 4 月 23 日

首相致陆军大臣：

从此次战争所吸取的所有教训都充分证明，必须配备优良、充足的反坦克武器。生产出的反坦克炮数量毕竟有限，因此就更有必要抓紧时间，制造出反坦克炮的替代物。

我曾将迫击炮视为合适的替代物，并听说你已决定订购两千门迫击炮、三十万发对付坦克的炮弹以及六十万发对付人的炮弹。何时将这些武器送至军队？何时可以送出一批？望给我提交一份计划。

1941 年 4 月 23 日

首相致陆军大臣：

频频有谣言传出，德国人正在制造厚装甲坦克——据称数字为四到六英寸。针对这种装甲，现在所有的反坦克炮，甚至是机动大炮都无法将之穿透；履带及其他脆弱部分则目标较小。

试验表明，与布莱克上校和杰弗里斯上校改进的迫击炮相比，布置在甲板上的黏性炸药也具备同等的穿透力，这便是解决问题的办法。无论如何，我们一定要有所准备。我肯定陆军部已察觉到厚装甲坦克的威胁，并在积极地考虑对策。望递交一份报告。

1941 年 4 月 23 日

首相致韦维尔将军：

1. 若根据风向从不同角度施放烟幕，能否保护好托布鲁克港内的船只？你有必要的物资和器材吗？

2. 我们希望了解更多关于托布鲁克驻军最近所缴获的德国坦克的情况。尤其须关注一点，它们能否在热带、沙漠以及炎热天气中使用？

1941 年 4 月 24 日

首相致陆军大臣和军需大臣：

1. 我建议，应定期召开会议来讨论坦克和反坦克问题，将于 5 月 5 日（周一）上午十一时在唐宁街 10 号举行第一次会议。请诸位由合适的官员陪同出席会议。关于陆军方面，我提议邀请帝国总参谋长、帝国助理总参谋长和波普将军到会，并请马特尔将军及其装甲师师长等出席。关于军需部方面，我希望伯顿先生、布朗海军上将和克劳福德将军能出席此次会议。

2. 有一点令我甚是忧虑，与会官员应当在会议中提出哪些问题，并让他们自由发表意见。事实上，我想成立一个"坦克会议"。

3. 我方国防部会为每次会议拟定议程，将你们愿意列入的事项以及坦克司令官们愿意提出的建议或问题纳入议程中。就我本人而言，希望讨论一下装甲师的编制、它们眼下在机械效率方面的情况以及 1941 年的一些重大问题。

1941 年 4 月 24 日

首相致哈利法克斯勋爵：

若总统直接向我提出问题，请勿阻拦，也别劝他不要让其他海军官员这么做。我与他的私人关系十分重要，若这种关系被日常公事所替代，将十分可惜。

1941 年 4 月 28 日

首相致伊斯梅将军：

1. 望今日提交我在去年夏季所撰写的备忘录①，上面记载着准备五千名伞兵的命令。再把之后同意将人数降至五百名的各有关部门的备忘录一块交来。望中午前将此份档案送至我处。若滑翔机计划比降落伞计划更为周全，我们当然应当采纳，但是否能认真继续下去？我们是否遇到了危险，盲目相信一个结果难料并尚在试验中的办法，却摒弃了另一种已证明有效的办法？希望递交一份详尽报告，告诉我滑翔机计划的进展。

2. 请将眼下同意增加跳伞和滑翔机部队的所有建议，以及跟预期结果相关的时间表一并交给我。

1941 年 4 月 28 日

首相致帝国总参谋长：

昨天，作战局长提及已拟定好的必要时撤出埃及的计划。

让我看看这些计划及其相关的资料。

1941 年 4 月 28 日

首相致海军大臣和第一海务大臣：

前段时间，中东总司令一直忙于指挥撤退工作，但如今他必须重新大力封锁昔兰尼加各港口、抓获船只或尽力搜捕船只。与的黎波里相比，封锁昔兰尼加较为容易。两种方法都应有所尝试，若不能封锁昔兰尼加，将十分可惜。

1941 年 4 月 28 日

---

① 伊斯梅将军转参谋长委员会，1940 年 9 月 1 日。

首相致伊斯梅将军，转参谋长委员会：

我方曾宣称，班加西港被占领时毫无用处，还曾称我们在撤退时已完全封锁班加西港。可就在这个时候，敌人却在任意使用此港，实在太奇怪了。

1941 年 4 月 29 日

首相致伊斯梅将军：

据我了解，在周六着陆的伞兵里，有几位的指关节被严重割伤。你们曾考虑过保护他们的手或（给他们）派发护膝吗？

1941 年 4 月 29 日

## 1941 年 5 月

首相致伊斯梅将军：

请给我递交一份报告，告知我在新加坡负责管理十五英寸口径大炮和探照灯的炮手和人员的效率。他们是否配有雷达设备？

1941 年 5 月 4 日

首相致空军大臣：

毫无疑问，这份（就美国扩大生产轰炸机一事致罗斯福总统的电稿）应以常规渠道发出。我不想给罗斯福总统发送关于总计划的电报，本计划应由精心组建的机构展开彻底讨论。

1941 年 5 月 4 日

首相致财政大臣：

在休假时受敌人迫害而死的士兵，其遗孀是否只得到丈夫在值勤时死亡抚恤金的一半？

1941 年 5 月 4 日

首相致财政大臣：

你觉得这个区别合理吗？需要花费很多钱吗？我得知一个事例，有一名水兵在值勤时因喝醉酒而溺亡，其遗孀获得了全部抚恤金；而另一名水兵，在正常休假期间，被敌军迫害致死，其遗孀得到的抚恤金却远远少于前者。我心中十分困惑，如果将服役期间的正当休假与服役一视同仁，难道就会花很多钱吗？如果一视同仁的话，可以摒除一些看似颇有依据的不满情绪。

1941 年 5 月 10 日

首相致财政大臣：

在我看来，受敌人炮火与普通事故所造成的死亡是有明显区别的。这也是我们在战争损害赔偿法案中一直成功延续下来的分界线。我们只是最近才遭受空袭，并没有经常发生，而且有十足把握将之限制在一定范围内。鉴于此，我不同意以下主张，即将特殊待遇扩充至普通事故，并将其群体从武装部队扩大至部分被聘于从事普通工作的人，诸如民防成员。在我看来，长期受雇于正规部队且受军纪约束的成员，在休假时享受在部队时的同等待遇，例如其遗孀在取得抚恤金方面享受类似的特权。这又是一条可以有效延续下去的界限。

对于一支有纪律的正规部队，休假是理所当然之事，也是部队正常制度的一部分。因此，如果仅仅因为士兵是在休假时被敌军的炮火击中，其遗孀因此就只能获得一半的抚恤金，那么这便会引起人们对管理机构的藐视。

根据我的建议，对规章进行修改后，请告诉我总共需要多少开支。

1941 年 5 月 16 日

首相致帝国总参谋长：

有一点需调查清楚，克里特岛的军队是否拥有足够的完整地图。如果没有，不久我们就会发现，凡是来过这儿的德国人都比我们的士兵更为了解这个岛屿。

1941 年 5 月 6 日

首相致第一海务大臣：

海军基地机动保卫队的旅程究竟为何花费了十二周？已装箱的设备又是为何与其使用毫无关系？起初，应首先将海军基地机动修配厂的全套设备装到船上，以便使用。

我认为应查清楚办事时遗漏与错误的地方。

1941 年 5 月 6 日

首相致外交大臣：

请您考虑能否公开发表我致松冈的信。我认为有一点很重要，普通日本人民和比松冈所派军人更大的集团应了解他们的前进方向。

1941 年 5 月 7 日

首相致伊斯梅将军：

既然我们已经攻下拜尔迪耶、托布鲁克、马萨瓦、阿萨布、基斯马尤和其他意大利所管辖的非洲港口，就请您为我准备一份报告，说明我军在这些地方所发现的敌人海军防御设备的具体情况，据此，我们便可与情报部门起初估计的情况相比较。撰写报告的时间为两周。首先我要了解事实，切勿让情报部门得到我们要与他们的数字相比较的消息。

1941 年 5 月 8 日

首相致史末资将军：

我计划向国王推荐你为英国陆军名誉元帅，不知道你是否同意我这么做。在我看来，根据你在我军中所发挥的重大作用以及南非军队的重要性，不论从哪一方面，这一任命都合情合理。至于你的老友和伙伴，他们若能向你表达敬意，毫无疑问，这将令人感到无比高兴。

1941 年 5 月 8 日

首相致比利时首相：

如今，距离德国政府违背了最庄严的约定、无故向比利时领土发起武装进攻已一周年，我愿以英王陛下政府的名义，向比利时政府、比利时帝国和比利时武装部队及商船表示感谢，他们在过去的一年中对同盟国事业给予了有效援助。你方士兵在比利时战役中积极抵御侵略者，眼下在他们的家园反击敌人，我们对此难以忘怀。对于目前受到可恨的纳粹暴政统治下的比利时人民，英王陛下政府和英国人民表示极大的同情与钦佩，他们凭借自己的勇敢和坚忍，每天都在捍卫着自由。

1941 年 5 月 10 日

（即日办理）

首相致空军参谋长：

眼下，与坦克相比，空军增援更关乎埃及战役的结局。须从各地通过各路线调去战斗机，其中"美洲虎"计划也在其中。塔科拉迪这个狭窄的瓶口必须被疏通，以便解除其拥堵情况。我曾在其他的文件中，要求另派一批"韦林顿"式轰炸机，至少还需六个中队。还应开辟一条经常性的水上飞机航线，以便遣回埃及多余的驾驶员。利用朗莫尔将军在英格兰的机会，草拟一份全面增援计划。由于各方均传来敌军正加紧活动的消息，因此需速速落实该计划。

1941 年 5 月 10 日

首相致麦肯齐·金：

得知孟席斯先生取得成功，我感到十分欣喜。在这儿，他和我们一块经历了尤为紧张的时刻，在我们看来，他是一位忠诚的同志。如果能够进行安排，请于 7 月或 8 月召开一次英帝国会议，最好历时一个月或六周。我希望我们尽最大努力之后，能在中东地区取得佳绩。在你领导下的加拿大正团结一致地前进，令人钦佩不已。

1941 年 5 月 11 日

前海军人员致罗斯福总统：

据我估计，你已得知阿诺德将军为我们提供了不错的建议，美国将其迅速扩充的飞机驾驶员的培训名额留了三分之一给这里的学员。训练将于下月初开始，我们已积极做好准备工作，第一批有五百五十名青年，他们已准备启程，第二批人数同等，也将陆续赶来。据我了解，法律上还存在一些困难。总统先生，我希望困难并不很大，因为一旦拖延此事，我们将十分失望，之前的筹备工作也因此付之一炬。阿诺德将军的建议极大方便了我们的训练工作，对此我们感到十分高兴，并表示欢迎。无论采用什么办法，我们也无法在如此短的时间内找到这么多装备良好的飞机、机场以及教练员。这将加快我方空军取得成绩的步伐。

1941 年 5 月 10 日

首相致阿诺德将军：

1. 对于你方埃及观察员所报告的情况，我十分感激。据空军部的报告，我方今日已将所能找到的军官骨干送至塔科拉迪。可是他们对美式飞机和发动机远不如对英式的熟悉，如你能派来美国专家，我们将热烈欢迎。空军部将尽快把所需人数和军阶的详细情况送至你处。

2. 西非气候炎热，没有谁能像在国内那样埋头苦干很久。我们希望以三班制展开工作，并计划利用船舶来增加居住地。

3. 我们已向非洲派了最得力的高级技术官，他将担任埃及管理维修工作的总司令，并管理塔克拉迪的增援航线，该航线由空军部单独负责。在始于美国或英国的工厂而止于埃及的线路上，有必要适当将管理权下放至局部环节。

4. 被派至塔克拉迪的部分新兵缺乏技术经验，对该问题所提出的批评不无道理，可眼下，皇家空军普遍都掺杂着大量生手。现在，我们已将挑选的人员派出。你通过专家所提供的建议，我们表示感激不尽，正敦促飞机生产部准备工具和设备。

5. 有一点我们表示赞同，英国购买代表团展开的视察工作具有重大意义。我们已将你方的批评传达至飞机生产部。

6. 我十分感激你们所提供的援助以及提供熟练的技术人员的建议。塔克拉迪交货的薄弱环节并不仅仅在于飞机装配方面。若想加速交货，我们就须相应增加运输机，以便驾驶员运送飞机部件。之前你曾承诺，把美国运输机运至非洲进行交货，此事能否加速进行？感谢你直接致电。

1941 年 5 月 11 日

（即日办理）

首相致海军大臣和第一海务大臣：

就我的第二号"老虎"计划，还需说明一点，即人们希望于 6 月中旬或没有月光的时候展开。确保安全起见，应立即派出"胜利"号，以便为地中海战区总司令提供他们所需之物：两艘装甲航空母舰。然而为了达到此目的，最好让"胜利"号及其附近随行航空母舰获得一批战斗机，该战斗机能以最快和最佳速度从航母上起飞。美国的"燕子"式飞机进展如何？我已好几个月都没有它们的消息，据传它们凭借速度优势，前途光明。"老虎"计划的卸货工作进展如何？

1941 年 5 月 14 日

首相致伊斯梅将军：

马提尼克①的情况如何？五千磅黄金还在原地吗？有哪些法国军队在那里？有哪些法国船只在港内？我认为，鉴于维希政府的卖国行径，美国或许可以接管马提尼克，防止德军将其用作潜艇基地。

1941 年 5 月 16 日

首相致帝国总参谋长：

我已收到您 5 月 15 日的备忘录。其中提到一点，第七装甲师中一

---

① 马提尼克，加勒比海中的一个小岛屿，法国的海外大区。——译者注

个旅共有两百一十辆巡逻坦克（包括百分之二十的后备在内），步兵坦克旅有两百辆步兵坦克——这样一算，第七装甲师共有四百辆重型坦克。据说，德军有一条原则，每辆重型坦克配有两辆轻型坦克，一支德国装甲师因此约有一百三十五辆重型坦克。换句话说，一支德国装甲师的重型坦克比我方一个坦克旅的更少。除重型坦克外，我方装甲旅在轻型坦克或装甲车方面的装备情况如何？辅助装备方面的配备应该比较充足吧？若能把第七装甲师的标准装备（根据你反映的情况）和一支德国完整装甲师的装备列为两栏，再加一栏，列出德国殖民地师的装备，再交给我，我们将受益匪浅，并大力简化我方工作。

你有没有注意一点，据各方送达的报告，通过接触，有一点很清楚，德国师只使用一个炮兵大队。

1941 年 5 月 16 日

首相致海军大臣和第一海务大臣：

2 月底时，海军部已将四十艘商船改装成巡洋舰，这些舰只重达一万吨乃至一万吨以上。我记得自那时起，已有三艘被击沉。目前我方运兵船只极度匮乏，鉴于此，我只能请求你们能从这些船只中拨几艘给我方。我建议把你所余下的三十多艘船只交出一部分——大约七艘，保留它们的武器装备，减少水手，挑出七艘运载兵员最多的船只。这样一来，它们便能保卫自己及其运输船队。

1941 年 5 月 17 日

首相致海军大臣：

当我看到这张关于打捞处所指定的图表，上面标明了大量工作，我想请你向该处负责人及时转达我对他的高度赞扬。能否拟份草稿将你的建议交给我？

1941 年 5 月 17 日

首相致伊斯梅将军：

我方情报部门夸大的一些意属港口（如今已归我方管辖）的防务工作，令人觉得很有趣。我很早就开始怀疑，意大利人（或许法国人也如此）希望人们相信他们的海防规模十分庞大。例如，我们听说马萨瓦的防御设施包括四门八英寸、十门大口径和十六门六英寸的大炮，共计三十门威力十足的大炮，实际上却连一门都没有。真相暴露后，各部门的情报处应重新仔细检查他们所估计的外国海防的规模，否则这将给我们的行动带来麻烦。

1941 年 5 月 26 日

首相致伊斯梅将军，转参谋长委员会：

1. 这是一段（与伞兵部队和滑翔机有关的）悲伤经历，受到某方阻力，我觉得自己应担负主要责任。与克里特岛正在经历以及塞浦路斯和叙利亚即将发生的情况相比，我们在阅读空军参谋部的报告时，察觉到这些阻力的依据完全不可靠。

2. 也可参阅我于 1940 年 9 月 1 日写的关于滑翔机的备忘录。情况正是如此。滑翔机的生产规模始终都是最小的。从此可看出，我方眼下实际上除了这五百架外，既没伞兵也没滑翔机。

3. 鉴于此，我们一直都落后于敌人。我们本应有五千名伞兵和一支德国标准的空降师。经验会越来越多，力量也会逐渐增强。除此之外，我们还应有一些运输机。在 1942 年的地中海之战中这些都是必需的。我方须想办法收复被敌人轻易占领的那几个岛屿。我们可能将在东方、波斯或伊拉克北部的广大地区被迫卷入战争。我们已经浪费了整整一年的时间，我眼下要求三军参谋长提出建议，尽力挽救局势。

全部档案将于今晚提交给三军参谋长。

1941 年 5 月 27 日

首相致伊斯梅将军，转参谋长委员会：

帝国总参谋长所做的评论我基本没意见，但有一点显而易见，须由参谋长委员会规定各作战行动的优先次序和重点。

望三军参谋长们当即考虑提出的以下指令：

1. 考虑到韦维尔将军近日的来电，他应受命即刻撤出克里特岛，不计一切损失，无论采用增援或其他办法，只要有效即刻实行，以便尽力援救人员。

2. 既然敌军已在南面攻占苏达湾或卡斯特里，他们必然十分急于将一支部队从海上进行登陆。海军依然要抓紧海上保卫工作，与此同时，还需努力重创敌军，弥补我军自身的损失。

3. 克里特岛所承受的空袭压力加剧，如从西部和北部保卫埃及，便产生了一个典型的军事问题：由中央部队抵抗来自两个相反方向的攻击。鉴于这种情况，该怎样选择似乎完全只能视实际情况而定。

4. 敌人借道土耳其以及（或）叙利亚发动进攻，接下来数周便无法开展大规模行动，在此期间，根据事态演变，进攻或许已然不可能。

5. 要想取得决定性军事胜利，唯在西部沙漠才有可能。在此，作战目的不仅仅是为了把敌人击退至任一特定区域，还应在决定性战役中，全力以赴，将敌军的武装部队的大部分或全部击毁。在两周内，便有可能打败昔兰尼加的德军。韦维尔将军手里有四百多辆重型坦克，敌军则有一百三十辆重型坦克及其九吨坦克，双方都有轻装甲部队。韦维尔将军还有不少其他武器，大炮数量更多。他有可靠的交通线、充足的军需物品和来自海上的不少援助。鉴于此，他应在西部沙漠投入最大力量来进攻敌人，敌军在军需品和弹药方面困难重重。这是唯一一个取得重大军事胜利的机会，不能就这么放弃。

6. 除此之外，我们并不反对他所提出的建议，即派一支专用部队入驻叙利亚。德国空军历经重挫后，我们应在其恢复期间，占领那里的飞机场（由于遭到弗赖伯格的军队突袭，德国空军遭受了重创）。

7. 值此关键时刻，实在不能将兵力浪费在塞浦路斯岛。若我们无法占领叙利亚的飞机场，塞浦路斯便会失守。占领飞机场后，我们如果能乘胜在昔兰尼加取得决定性胜利，则有机会在空军的掩护下进入塞浦路斯。我们决不能在塞浦路斯重演艰苦卓绝的克里特岛之战。

8. 为了实现上述目的，须即刻恢复并扩展"美洲虎"计划。眼下"胜利"号没有任务。由于从英国调出的第五十师（缺一个旅）和其他援军即将抵达，因此应全力敦促所有军队和运输工具从埃塞俄比亚向北进行转移。

9. 总而言之，应发出以下命令：

（1）撤出克里特岛；

（2）击垮昔兰尼加的德军，解托布鲁克之围，占领西面的飞机场；

（3）取得胜利后，设法在叙利亚为增援部队划定驻防范围。

上述一切行动预计能在 6 月中旬前完成。

1941 年 5 月 27 日

首相致澳大利亚总理（孟席斯先生）：

你曾在加拿大、美国，尤其是回国后发表演说，这些演说令人无比振奋和动容，我谨致以衷心的祝贺。英国已对这些演说进行充分报道，我国人民在报道中对您展现出的无条件的友好情谊表示了肯定。与此同时，我非常感谢您还在演说中亲切地提到了我本人。每当我提及澳大利亚的消息，就会想到查塔姆著名的祈祷："成为一个民族吧！"祝您一切顺利。

1941 年 5 月 29 日

首相致农业大臣和苏格兰事务大臣：

你方 4 月初曾送来一份事关在苏格兰生产甜菜的备忘录，我一直在考虑此事。在我看来，大家应该对此没有什么意见，即为了节省船舶的吨位，应继续生产甜菜。此外我还听说，每英亩所产的甜菜淀粉含量高出马铃薯三分之二。但据你们所说的来看，农民为了赚取收入更愿意生产马铃薯，可马铃薯的数量本身已经足够。

显而易见，为了保证甜菜的生产量，应采取措施，必要时可停止生产马铃薯。各相关部门有可能会商定：究竟是在苏格兰还是北英格兰增加生产量。然而，方便起见，应在苏格兰生产所增加数量，交由库柏工厂加工。

如果今年已来不及生产所增加产量，就应采取措施，以保证 1942 年不再出现类似的短缺状况。既然甜菜在目前已然成了珍贵的农作物，就应考虑将来是否大力增加甜菜的种植面积。过段时间，请就此问题给我提交进一步的报告。

1941 年 5 月 30 日

## 1941 年 6 月

首相致伊斯梅将军，转参谋长委员会：

（眼下）我们不应将兵力浪费在保卫塞浦路斯，在这一主张方面，尽管我的态度最为坚决，但我却认为不能排除需要空防的可能性。甚至在控制叙利亚飞机场之前，我们应对该岛实施空中保护。"虎仔"计划的成功若能帮助我们抽调两至三支战斗机中队，那么就该付诸实施；无论情况如何，现在就应该做好准备，以便随时能在塞浦路斯接管这些战斗机。我不太清楚现有飞机场的处境和状况如何。

望各部门就此问题展开全面研究。

1941 年 6 月 1 日

（即日办理）

首相致伊斯梅将军，转参谋长委员会：

我希望即刻将西非旅从东非调回弗里敦，并把缴获的意大利武器用于装备预备旅，这些预备旅此时正在弗里敦或其附近进行整编。我同吉法德将军曾就此问题进行过交流。他说，西非各营平均需要八十名英国军官和士官，这些军官是不会分配至预备旅的，即便如此，也要尽量让军官使用我们尽力得到的现代装备。有人曾向我提议，波兰师的军官数太多，已达几千人，可将其分配至这个西非预备旅。我确信，说服西科尔斯基将军抽调两百至三百名军官将不是什么难事，这些人将是非常出色的军官。

望对此事展开研究，并拟定一份计划。与吉法德将军进行协商，我希望他在离开英国前能收到报告，以便把西非旅从东部调至西部，通过利用意大利装备和注入波兰人来加强预备旅。①

1941 年 6 月 1 日

首相致新闻大臣：

危险系数最高的莫过于敌军得知国会开会的日期后，在开会前有空余时间计划空袭。有一点我不同意，敌人所获悉的情况都靠自己获得。

1941 年 6 月 1 日

（即日办理）

首相致空军参谋长：

令我高兴的是，你正抓紧进行（延长战斗机航程）这项重要工作。众所周知，考虑到航程，就只能牺牲火力和机动性。然而这或许是值得的。

我认为你说的话尚不全面。我们还需修理飞机，无论我们采用轰炸机还是战斗机，都能在白天于指定地点作战。对爱琴海而言，这一点正确无疑。因此，我们应在战斗机的保护下，在白天轰炸克里特岛和多德卡尼斯群岛上的飞机场。我们必须改进飞机，使其能完成必要的航程。此外，既然有大批德国空军正向东移动，法国实力也大大削弱，我们应想办法于白天进入德国并展开猛烈轰炸。为了实现这个目标，我们必须延长战斗机的航程。如果做不到这一点，我们将在西部战场束手无策，在东部战场则要挨打。

1941 年 6 月 2 日

---

① 根据所提建议，约有四百名波兰军官被派到西非旅，他们表现极好。

首相致马耳他总督：

我完全同意你的看法。陆军会认真探讨你所提出的各项观点。由此来看，两至三周内还不会向马耳他发动进攻。在此期间，还要决定其他重要事宜，使我们能采取或被迫采取新的措施。有一点你放心，我们视马耳他为英帝国的一把钥匙，而你就是这把钥匙的主人。因此，我们愿提供一切人力帮助你。

1941 年 6 月 6 日


（即日办理）

首相致林德曼教授：

我曾数次请你核对德国和英国的空军实力，我们曾将其留至辛格尔顿法官调查的结尾。望你最晚能在周一前提交报告。

据我估计，敌人比我们损失了更多飞机，但他们飞机生产效率如何？眼下情况怎么样？我还是在两个多月前进行过具体核实。

1941 年 6 月 7 日


首相致澳大利亚总理：

若不能掌控叙利亚的飞机场，就无法守住塞浦路斯。

鉴于此，在我们看来最好是想办法占领这些飞机场，那时我们才可以更有效地支援塞浦路斯。此刻那里有一个澳大利亚师的机械化骑兵团和一个英国营，另外有当地的军队和六架"旋风"式战斗机。除非敌人以相当雄厚的兵力进袭，否则这些军队还是可以抵御敌人的。如果敌人在我们掌握了叙利亚以前就大举进攻，那么，在塞浦路斯的一千五百名士兵就不得不避入险峻的高山里去，并在那里尽量坚持游击战。如果我们不能控制叙利亚，或者德国人击败了山中的游击队，那么，我们或许就要让很多人撤出来。三军参谋长并不认为这样安排军队有什么不公平。在战争中，比这种情况还糟的事多着呢。除了立即撤退（因而使敌人未遇到抵抗便成功地登陆），别无其他办法。我很想在你有困难的时候对你有所帮助，所以，如果你愿意的话，不论

有无增援部队，我愿设法让澳大利亚军队从塞浦路斯撤退。

1941 年 6 月 9 日

首相致殖民地事务大臣和伊斯梅将军：

我方政策是对吉布提港进行最为严密的封锁。我们已为这些人提供了最公平的条件。任何不利于严密封锁该港的行动都不能实施。但若报告新生婴幼儿的数量，在最严密的限制和监视下，便可将十分有限的营养品运至城中。

无论情况如何，亚丁总督都决不能削弱封锁，没有我的同意，任何供应品都不能运进城。

1941 年 6 月 11 日

首相致枢密院长：

据我了解，根据减少民用汽油定量计划，需按基本定量减半每隔三个月配售一次，今年 8 月开始实行此办法。能否不要在 8 月开始呢？我们势必要考虑到银行假日，自开战以来，很多人可能是第一次休假。他们一定期盼着，7 月底时把汽车装满汽油，由自己支配 8 月全部的配给量。

可否安排于 10 月开始实行此办法？为了弥补损失，可在冬季另行再减半销售一次。

1941 年 6 月 14 日

（即日办理）

首相致伍尔顿勋爵和农业大臣：

1. 从你方获悉的消息令我十分高兴，即将放弃实行"十二只母鸡"计划，从而贯彻另一政策："如果不加入公共养鸡场，官方将不会为饲养数量达十二只以上的人分配饲料""公有鸡饲料只用于生产公有鸡蛋"。

2. 你是否也同样合理地处理了兔子的生产情况？即便兔子本身并

没有多少营养，但可用来改善每日素餐的状况。兔子的主食为青草和蔬菜，鼓励饲养和繁殖兔子又有何妨呢？

3. 如果你能提高肉类配给量，我将十分欢迎，但若到了冬季，正逢新鲜蔬菜数量也减少之际，又减少肉类配给量，那将令人十分遗憾。你能否多进口一些美国碎牛肉、猪肉罐头和鲜肉，从而弥补冬季的不足？人们食用面包的数量越大，所需运输量就越大。单单靠吃面包填饱肚子，情况会越来越糟。看来你需努力进一步拓宽肉类来源。

4. 大批量地屠宰牛羊令人十分不安。我方的主要储备就是活的牛羊。

1941 年 6 月 14 日

首相致空军大臣和空军参谋长：

曾几何时，我建议你邀请休·道丁爵士撰文叙述不列颠战役的始末，此次战役是由他指挥，于去年 7、8、9 月内展开的。根据我得到的消息，空军参谋长方面完全同意此事，想来你也不会反对。

能否请你立即采取必要的官方行动？

1941 年 6 月 15 日

首相致伊斯梅将军：

请于今日内起草一份叙利亚和利比亚的常用地名表。选用地名时，须采取最简单的拼法和大家熟悉的写法。从今以后，就要以电报的形式发去中东，并连带遗漏增补的部分一并送至各有关方面。

1941 年 6 月 18 日

首相致空军大臣和空军参谋长：

1. 日前我在报纸上读到一篇报道，空军正召集数千名志愿者前往保卫飞机场。此举用意何在？报道称，这是克里特岛特训的一部分。但很多人不解的是，为何要大肆宣扬如此之小的举措？也许这些消息只是无稽之谈罢了。

2. 我想借此机会说一下，在武器使用以及机场保卫所需的一切演习中，待在飞机场的所有空军地勤人员都须经过紧张、高效和严格的训练。每一个人在保卫机场中都必须各尽所能，并竭尽全力实现高度的敏捷性和效率。

能否就此方面提交一份报告？

1941 年 6 月 18 日

首相致戴高乐将军：

非常感谢你 6 月 13 日发来的函电。我十分重视你所提出的意见。这些意见对近日于叙利亚所发生的事件特别有益。你可以放心，我一直将自由法国运动的利益放在心中，此运动对法国新生至关重要。致以最诚挚的祝愿。

1941 年 6 月 19 日

首相致伊斯梅将军：

请以书面的形式，明确地解释下列问题：

1. 眼下为了帮助陆军与配合陆军作战的空军中队取得更密切的联系，已提出了哪些办法；2. 一旦敌人入侵，英国各飞机场的责任问题。

1941 年 6 月 20 日

首相致伊斯梅将军，转参谋长委员会：

1. 皇家空军向多佛尔海峡发起有效攻势，所取得的成就将激励我们每天都加紧攻势，只要能取得有利结果就行。应尽量增加白天起飞的轰炸机数量，从而向白天所能发现的所有目标实施全面袭击。为了实现这一目的，应让内阁允许一点，即轰炸被敌人用来进行大规模修理或制造飞机的重要工厂，并向敌占区的任一重要目标发起猛烈的日间轰炸和有效破坏。应及时警告法国工人不要靠近工厂，但在他们收到通知前我们也可开始轰炸。

2. 根据我们在此区域所确立的空中优势，假设各参谋部考虑在空军得到充分掩护下，是否应展开一次大规模袭击。我能想到的规模是两万五千至三万人——或许是派出突击队和一个加拿大师。也许需要建立一支与战术计划充分配合的部队，不必拘泥于一贯采用的师编制。只要我们能在英吉利海峡和多佛尔海峡保住空中优势，就有可能取得重大成果。

3. 还有一些其他目标：摧毁大炮和炮台，击毁所有船舶（尽管目前所剩无几），毁坏所有军需物品并击毙或俘获大批德军。除此之外，想办法封锁加来港和布洛涅港。

4. 望于今晚九点四十五分展开初步讨论，在获得空中优势的前提下，若上述提议能在原则上获得同意，就应尽快完善该计划。眼下既然敌军忙于对付苏联，我们就正好能借机猛揍敌军。

1941 年 6 月 23 日

首相致伊斯梅将军，转参谋长委员会，并致海军部军需署长及其他有关人员：

1. 英国通常于夜间开始在海外展开两栖袭击。我希望把大量"博福斯"式高射炮运上岸，但这些高射炮在抵御俯冲轰炸机袭击、掩护登陆地点方面，还有所欠缺。然而，在天亮后不久，登陆点几乎每个地方都可能遭受俯冲轰炸机的袭击。这些高射炮首先需要在黑暗中占据有利位置，可在如此短的时间内，是无法调整好高射瞄准器和联合控制器的。

2. 从开始登陆、夺取机场到部署好英国战斗机中队和空中掩护，这中间有一个过程，需要提供有效防空炮火（至少是低空炮火）作为支援。怎样做到这一点呢？只有一个办法，即准备水上炮台，此炮台可在进攻初期趁天黑占据有利位置，从黎明起就准备保护登陆地点。

3. 眼下，每个月都有一百七十艘坦克登陆艇出厂。至少应将十二艘坦克登陆艇改装成水上炮台。它们应配有"博福斯"式高射炮，或备有空防引信或光电引信的各式火箭投射器。这种武器适合安装在大

型坦克登陆艇上。希望能拟一份计划，探讨一下安装高射炮或火箭投射器，或两者兼顾的最佳方式。应研究一下，指挥射击的最佳形式和四角型舰船的原理，从各个方向同时向进犯的敌军发起进攻。该任务应交给炮术专家和火箭专家，他们需了解可用的甲板面积，并草拟一份全面计划，说明所需要的专门设备和人员。海军部军需署长应提出报告，说明应对这些舰艇如何进行改装。并以此装配一艘登陆艇，训练一批核心军官，在上述基础上，利用水上炮台作战。目前的装备数量只需一艘，用于训练和实验。但其余十一艘应装备高射炮或火箭投射器，能改则改。所有大炮底座都应制作和装配完成，以便即刻安装大炮。在此期间，这一批高射炮和火箭投射器仍可继续在大不列颠空防组织中发挥作用。至于所需要的那一批则做好标记，便于在千钧一发之际立即调用。

望于一周内提交一份报告给我，说明你们建议采取的行动，并制定出一份时间表。

1941 年 6 月 27 日


首相致伊斯梅将军：

请将每周到国防部专室来阅读档案的总司令官的人数及姓名记下交给我，让我知道都有谁看过它。此外，请把他们查看的第一份档案样本交给我看一下。

1941 年 6 月 27 日


（即日行动）

首相致陆军大臣和帝国总参谋长：

前段时间，我逐渐察觉到，若用名字来代替坦克的各种标号十分便利。这些名字容易记忆，并能避免与用数字来命名的坦克产生混淆。当时没有人同意采用这个办法，但显然这个办法是有实际意义的，例如通常都把Ⅱ号步兵坦克称为马蒂尔达坦克，而其他步兵坦克中有一种就叫瓦伦丁坦克。除此之外，现有的命名也已有所改动。我记得

A22 有一个别名。鉴于此，为了方便考虑和讨论，望你能制作一份清单，根据类型和标号，列出我们以及美国的所有坦克曾用过的正式名称和建议的名称，无论是现有的还是正在建造或设计的坦克，都应包括在内。

1941 年 6 月 27 日

（即日办理）

首相致外交大臣、海军大臣和第一海务大臣：

　　是谁让美国人认为：我们宁愿让其驱逐舰队在本国大西洋一带活动，也不希望它们在我们这一边展开行动？散播此说法的人严重损害了国家利益，应立即停止他与美国人的接触。我全力支持史汀生先生的意见。我可否要求即刻将此意见视为既定政策，若有必要，周一交给内阁进行讨论？

1941 年 6 月 28 日

首相致空军大臣：

　　根据我所掌握的消息，自飞机场竣工能够使用之日起，至实际接收之日为止，在防务方面没有做过什么准备，可以说是一点准备工作都没有。这段时间往往都比较长，尤其是在完成主要工程后，还需进行小规模整修的时候更是如此。这可以说是我们在防务方面的重大漏洞。望告知我近况。

1941 年 6 月 28 日

首相致空军大臣和空军参谋长：

　　1. 以下是我对 6 月 20 日的备忘录所做的进一步说明，主要谈及的是皇家空军在单独保卫飞机场方面的责任问题。只要是身着空军服装的人员都应携带武器——无论是步枪、手提机关枪、手枪、长矛，还是钉头锤；每人每天都应参加至少一小时的操练和演习，无一例外。每位空军人员都应投入防卫计划中。至少每周发一次警报作为演习

（提前告知这是演习的信号），每个人都要坚守自己的岗位。百分之九十的人应该在五分钟之内到达自己的战斗岗位。各级军官都须清楚，人们对他们的期望就是，为保卫飞机场而战斗和牺牲。和保卫计划相互配合的每座建筑都应做好准备，以便敌方的降落伞或滑翔机部队抵达时，必须逐一攻打。每个类似的岗位都须分配一位领导人。部队于两至三小时后便会抵达；在此期间，每个小岗位都应做好抵抗，并守住阵地——哪怕是一所茅舍或凌乱不堪的地方，也应如此——使敌人无法逐一攻占。对敌人而言，这是一种缓慢的过程，其间不断遭受消耗。

2. 皇家空军固有的难题便是组织大批非战斗人员，他们负责照顾少数英勇的驾驶员（通常情况下，他们独自肩负着所有的战斗任务）。如今机会来了，可以让这一大批人员在必要的勤务方面增强战斗技能。每个机场应成为参与战斗的空军地面人员据守的要塞，而非身穿制服、年富力强的文职人员在几支部队的保护下，所使用的居住地。

3. 为了方便我详细研究此问题，请告知我诺索尔特飞机场的确切部署情况，一一说明每一级别的空军人员、他所做的工作、他所拿的武器以及在防务计划中所担负的任务。五十万身穿制服的人员中部分十分优秀，他们享受着皇家空军的所有荣誉，可除了为驾驶员提供必要勤务外，居然毫无战斗价值。这无疑是一种严重浪费，我们承受不起。

1941 年 6 月 29 日

首相致陆军大臣和帝国总参谋长：

我们必须设想约有二十五万伞兵以及由滑翔机或坠毁着陆的飞机运载的部队从空中降落。每一个身穿制服的人员和所有其他志愿杀敌的人，不管在哪里遇到敌人，都必须袭击他们并以迅雷不及掩耳之势向他们发起进攻——"让每一个人杀死一个德国兵。"

一定得对所有英王陛下军队官兵谆谆教导，使他们具备这种精神——特别是对陆军学校、训练单位和兵站。所有后方勤务人员必须养成能够只身进行顽强抵抗的品质。由军队占据着的建筑物，若没有遭

到猛攻，均不能投降。人人都要备有某种武器，即便是一把钉头锤或一支长矛。对于这种新式的分散入侵，每个人都要进行强烈抵抗，这种精神是极为需要的。我相信很多工作已在进行。

请准确地告诉我，在我们本岛究竟有多少身穿制服的人员，他们的武装情况如何。

我希望艾伦·布鲁克爵士看到这份备忘录和附件，并让他发表意见。此外，请将钉头锤和长矛的样品送来给我看一下。

1941 年 6 月 29 日

首相致伊斯梅将军，转参谋长委员会：

尽管我方使敌军伤亡惨重，但敌军仍有大批援军不断渡海抵达非洲。皇家海军对此似乎无计可施。皇家空军只能抵挡得住敌军的五分之一。你们一定已经察觉到局势究竟有多严重了吧。

1941 年 6 月 30 日

（即日办理）

首相致军需大臣：

在针对安德鲁·邓肯爵士的提案所召开的秘密会议上，欣韦尔先生询问了我们关于"重型坦克"的现状问题。到目前为止，虽然还有一种坦克型号比 A22 更大，对此我们也花了不少力气（我记得是由斯特恩厂研究试制的），但我们始终将 A22 视为我方应当制造的最重型的坦克。此外，我记得还有一种试验性的坦克。当然，鉴于海运的关系，我方所遇问题和苏联或欧陆上一些大国的问题不尽相同。尽管如此，这个障碍也不是无法逾越的。

然而从最高权威方面传来的消息，苏联人眼下似乎已经生产了一种大型坦克，据说吨位超过了七十吨，德国的六磅反坦克炮弹对它也无计可施。在我看来，制造出更重型的坦克已然迫在眉睫。我们必须对整体情况展开研究，弄清自己的现状——越快越好。

1941 年 6 月 30 日